CW01656204

Bérénice
Tite et Bérénice

Jean Racine / Pierre Corneille

BÉRÉNICE

TITE ET BÉRÉNICE

Présentation et notes
de Dominique Moncond'huy

La Table Ronde
26, rue de Condé, Paris 6^e

© Éditions de La Table Ronde, Paris, 1998.

Préface

Assise à terre, ses longs cheveux épars sur son vêtement blanc, elle lui écrit des mots qui nous sont inconnus.
Elle vécut à l'orée du désert de Néguev, dans le château de Malatha, en Idumée.
Elle descendait d'Hérode le Grand et de Mariamme l'Asmonéenne, passionnément aimée, sauvagement tuée par lui.
Orpheline à seize ans et veuve à dix-neuf ans, elle épousa son frère puis elle aima Titus.

MARIE ÉTIENNE, *Lettres d'Idumée*[1].

« Ce qui me semble beau, ce que je voudrais faire, c'est un livre sur rien, [...] un livre qui n'aurait presque pas de sujet [...]. Les œuvres les plus belles sont celles où il y a le moins de matière » (Flaubert, lettre à Louise Colet du 16 janvier 1852). Et Racine, dans la préface de *Bérénice* : « Toute l'invention consiste à faire quelque chose de rien. » Bien sûr, ce « rien » n'en est pas tout à fait un – et Racine et Flaubert n'entendent pas la chose de la même façon.

1. Paris, Seghers, 1982, p. 110.

Cependant il y a quelque chose qui les travaille, quelque chose à expérimenter, pour mettre à nu, il y a quelque chose à enrayer pour qu'alors on ne puisse se dérober : ni l'écrivain, ni le personnage – ni le lecteur. Et tant pis si c'est aussi un jeu, s'il y a un enjeu qui n'est pas de littérature mais de carrière ou de statut, pour Racine en tout cas, qui cherche à faire voler au loin la dernière tête de l'hydre Corneille. Reste que *Bérénice* et *Madame Bovary*, Emma et Bérénice sont devenus de véritables mythes littéraires. Combien d'autres ? Étrange rapprochement.

Bien sûr, Bérénice existait avant Corneille et Racine, chez les historiens antiques et modernes, chez d'autres écrivains du XVIIe siècle, un Scudéry (*Les Femmes illustres ou les Harangues héroïques*, 1642) ou un père Le Moyne (*Les Peintures morales*, 1640-1643), version héroïne exemplaire de la séparation, chez un Magnon, version *happy end* sauf pour le mythe (*Tite*, 1660, tragi-comédie avec travestissement – Bérénice déguisée en prince ! – et mariage final !). Mais le mythe littéraire du couple exemplaire, c'est Racine qui l'impose vraiment à la scène et aux mémoires. Pas Corneille. Ce qui ne veut pas dire qu'il y ait échoué ; il avait autre chose à l'esprit, d'autres modèles (et d'abord les siens propres) et surtout un rival.

Rien ne se comprend hors contexte. Depuis plusieurs années déjà, le « vieux Corneille » surveillait l'étoile montante du jeune Racine (il naît en 1639, entre *Le Cid* et *Horace* !) et tâchait à en atténuer l'éclat. On venait de ferrailler autour de *Britannicus* (« vous faites vivre Britannicus deux ans de trop ! », s'insurge Corneille ; « mais dans *Héraclius*, vous prolongez de douze ans le règne de Phocas ! », réplique en substance la préface de *Britannicus*). Onze mois plus tard, en novembre 1670, on donne quasi simultanément *Bérénice* et *Tite et Bérénice*, toutes deux publiées quelques semaines plus tard (Racine a toujours quelques jours d'avance). Cette fois, que le « duel » ait été voulu ou non par une haute personnalité (on en doute aujourd'hui), il se jouerait directement, les « armes » à la main, avec les spectateurs et les lecteurs pour témoins – et à partir du même sujet.

C'est du moins ce que l'on tient pour une évidence (que les critiques ont pourtant dénoncée, Georges Forestier[1] notamment) et c'est peut-être là l'erreur ou plutôt la difficulté lorsqu'on est confronté à la lecture des deux pièces. Car si elles ont bien deux protagonistes en commun, le sujet n'est pas exactement le même, et sans doute lirait-on autrement la pièce de Corneille si l'on rebaptisait Tite et Bérénice, si l'on pouvait oublier Racine. De fait, les deux dramaturges ne s'appuient pas sur les mêmes historiens. Loin d'être un détail d'érudition, cette divergence fait mieux comprendre la différence de nature entre les deux pièces. Ils s'inspirent de deux traditions historiques (et littéraires), celle de Dion Cassius pour Corneille, celle de Suétone pour Racine.

1. « Où finit *Bérénice* commence *Tite et Bérénice* » (voir bibliographie).

« JE NE VOUS DIRAI POINT AVEC QUELLES LANGUEURS / D'UN SI CRUEL EXIL J'AI SOUFFERT LES LONGUEURS[1]. »

Dion Cassius, transmis par Xiphilin dont Corneille cite deux passages en guise de préface (ce qui est une manière de répondre par avance aux critiques qui pourraient lui être adressées sur sa fidélité à l'histoire), brosse de Bérénice un portrait assez peu flatteur et fait de Titus un homme qui a su dépasser ses passions, se maîtriser – la grande maîtrise de soi qui hante quasiment tout le XVIIe siècle, qu'on l'admire ou qu'on y dénonce un faux-semblant, et que Corneille a contribué à imposer : pensez à Auguste dans *Cinna*. Et puis Dion Cassius parle d'un Domitien, frère de l'empereur, et d'une Domitie, épouse de l'un, peut-être maîtresse de l'autre. Et voilà pour les quatre figures possibles, un « système » de personnages que Corneille goûte fort parce qu'il permet d'envisager des permutations, différents mariages, de créer des symétries – Domitie, qui dit à Domitian « quittez qui vous quitte » (v. 248), qui se définit d'entrée en un vers où se lit toute la différence avec la Bérénice de Racine plutôt qu'avec celle de Corneille : « Je veux régner, et tremble à quitter ce que j'aime » (v. 151).

Dans cette version des choses, on n'oublie pas que Tite, sensible aux rumeurs hostiles, a renvoyé Bérénice une première fois. Mais Bérénice revient ; c'est le vrai sujet de la pièce, où va donc se rejouer quelque chose

---

1. P. Corneille, *Tite et Bérénice*, II, 5, v. 633-634 (c'est Bérénice qui parle).

qui a déjà eu lieu, dans des circonstances différentes (de ce fait, la Bérénice de Corneille ne peut être celle de Racine, dont toute la tragédie repose sur la nécessité où se trouve Titus de lui annoncer une séparation qu'elle ne veut imaginer). Tite craint ce retour en même temps qu'il le désire sans doute – et Tite peut devenir victime, l'empereur pourrait céder à la tentation des amours passées et toujours présentes. Et Bérénice pourrait après tout, de victime qu'elle était, reprendre le jeu en mains. Refuser d'être renvoyée pour la seconde fois. On est loin du mythe – mais le mythe existe-t-il déjà tout à fait ? La pièce est là, telle que Corneille la souhaite : avec Tite, c'est aussi l'État qui pourrait se trouver en péril, car un empereur s'abandonnant à l'amour d'une reine contre les traditions romaines susciterait un certain désordre (et Tite n'est pas l'Auguste de *Cinna*, il le dit lui-même au vers 407). Mais comme ce péril d'État n'est pas assez net, qu'il est même secondaire dans la pièce (c'est plus un argument pour les personnages qu'un enjeu véritable de l'œuvre), Corneille n'écrit pas une tragédie mais une « comédie héroïque », dénomination qu'il a inaugurée pour *Don Sanche d'Aragon* (1650) et justifiée dans un passage célèbre de son *Discours de l'utilité et des parties du poème dramatique* (1660) :

> Sa dignité [celle de la tragédie] demande quelque grand intérêt d'État, ou quelque passion plus noble et plus mâle que l'amour, telles que sont l'ambition ou la vengeance ; et veut donner à craindre des malheurs plus grands, que la perte d'une maîtresse. [...] Bien qu'il y ait de grands intérêts d'État dans un poème [dramatique], et que le soin qu'une personne royale doit avoir de sa gloire fasse

> taire sa passion, comme en *Don Sanche* ; s'il ne s'y rencontre point de péril de vie, de pertes d'États, ou de bannissement, je ne pense pas qu'il ait droit de prendre un nom plus relevé que celui de comédie ; mais pour répondre [...] à la dignité des personnes dont celui-là représente les actions, je me suis hasardé d'y ajouter l'épithète d'héroïque pour le distinguer d'avec les comédies ordinaires[1].

La dignité et la gloire de l'empereur sont en jeu. L'amour n'est pas tout ce qui se joue dans sa relation à Bérénice : c'est d'abord une relation de pouvoir ; si l'on préfère, l'amour est essentiellement envisagé ici sous l'aspect du pouvoir qu'il peut donner à ou sur l'autre. Bérénice, la reine étrangère, vient d'elle-même (« je me suis rappelée » [de « l'exil »], v. 628), et avec une certaine violence marquée par sa véritable irruption en scène (II, 5), réclamer ce qui lui a été « volé » (*cf.* v. 362) ; Domitie, elle, veut « acheter » (*cf.* v. 243) le rang d'impératrice : rarement la langue est aussi claire et prosaïquement intéressée que dans cette comédie héroïque qui ne saurait décidément s'appeler tragédie. Bérénice vient rejouer ce renvoi qu'elle a autrefois subi pour en faire *son* choix – et une démonstration de son pouvoir symbolique sur Tite et à travers lui sur Rome. Ajoutez à cela l'ambition de Domitie (elle n'a que les mots « ambition », « orgueil », « intérêt » à la bouche, dès la première scène), l'amère ou ironique lucidité de Tite et Domitian à son endroit, les considérations sur le pouvoir de l'amour propre d'un confident qui a bien

1. P. Corneille, *Œuvres complètes*, éd. G. Couton, Paris, Gallimard, « Bibl. de la Pléiade », t. III, 1987, p. 124.

lu La Rochefoucauld (I, 3), et vous avez une pièce toute en négociations, en débats, en argumentations dont on applaudit l'habileté (surtout chez Domitie, non sans éprouver quelque dépit de la sincérité toute relative dont sa maîtrise du verbe témoigne), une pièce faite d'hésitations, de marchandages, une pièce où l'amour se brade parce que le rang s'achète. Une pièce sans illusions où il ne s'agira pas de pleurer mais de prendre une décision, de trouver une solution sentimentale *et* politique qui satisfasse tout le monde, à commencer par Bérénice, à laquelle Tite s'en remet à la scène 4 de l'acte V (« Ordonnez donc enfin ce qu'il faut que je fasse »). Le sénat accepte le mariage de l'empereur avec la reine, comme l'on sait (Corneille ouvre ainsi la voie à une fin heureuse pour les protagonistes, sentimentalement parlant, mais risquée pour la stabilité de l'État romain et insatisfaisante au regard de sa propre image, de ce que l'on se doit) ; mais c'est, pour le dramaturge, préparer le coup de théâtre de la dernière scène *et* laisser à Bérénice l'ultime décision.

En épousant l'empereur, Bérénice aurait gagné trop facilement, sans gloire, en renonçant à son identité de reine de Palestine puisque le sénat a pris le soin de l'*adopter* (v. 1672). Pour assurer l'avenir de Tite, par amour sans doute, mais aussi pour préserver son identité et réaffirmer son propre pouvoir (et, pour Corneille, éviter de se trouver en pleine contradiction avec l'histoire), elle réplique par un « refus généreux » (v. 1707). « [...] je triomphe, et dans Rome, et de Rome » (v. 1720) : Bérénice choisit la gloire (v. 1728), le triomphe personnel, sans pour autant exclure l'amour

– « Votre cœur est à moi, j'y règne, c'est assez » (v. 1715), variation toute cornélienne sur un vieux motif galant, qui vaut explication : l'amour réaffirmé, on peut supporter de ne le vivre pas. Et la reine de donner leçon à l'empereur, de lui rappeler que la « raison » domine les passions : le « malgré vous, malgré moi » (v. 1726), ici, a les accents, parfaitement maîtrisés, de la raison et du sentiment de soi : « Et je serais à vous, si j'aimais comme une autre » (v. 1732).

Le serment de Tite de renoncer à tout mariage s'exprime sur le même ton, porté par l'admiration pour Bérénice et par la satisfaction de la solution enfin trouvée. L'histoire gardera « à jamais l'illustre souvenir » (v. 1758) de cette maîtrise de soi, de cette gloire confirmée. Dès lors, un dénouement heureux est possible et vite bouclé : Domitian est associé au pouvoir et désigné comme successeur, Domitie épousera Domitian après que Bérénice aura contribué à la convaincre, tous se réconcilient et la comédie héroïque s'achève sur le mot « heureux ». On est certes dans l'exemplarité, mais dans celle de la gloire et de la « raison d'honneur ». On peut admirer (encore que la pièce dénonce sans doute trop les illusions du sentiment, les faux-semblants et, par la bouche de l'empereur lui-même, l'universelle vanité des choses), non pas plaindre. Tout est fini, tout est clos : à Tite et Bérénice est promise la satisfaction de la gloire, ils sont statufiés, nous ne saurions songer (ni même peut-être accorder pleinement foi) à leur possible douleur à venir, à l'exil de Bérénice errant à son tour dans Césarée. Loin d'être dépossédée, elle triomphe : elle s'est reconquise.

« BÉRÉNICE, À QUAND LA VIE[1] ? »

L'autre tradition, celle de Suétone, peut être ramenée (c'est ce que fait Racine) au fameux *invitus invitam*, « malgré lui malgré elle » ; dans cette version des choses (que Racine simplifie volontairement, notamment pour idéaliser les deux amants), Titus et la reine « orientale » sont confrontés à la nécessité politique de renoncer à vivre leur amour, ils sont tous deux victimes d'une sorte de transcendance – Rome et ses lois. Ici, rien à discuter vraiment, rien à décider même : il s'agit seulement d'admettre ce qui est déjà, ce qui ne peut qu'être parce que Titus est devenu empereur. Titus le sait avant même que la tragédie ne commence, sans doute faudra-t-il qu'il se le répète pour s'en convaincre encore, mais il sait déjà. L'objet de la pièce, c'est seulement de parvenir à formuler cette décision qui n'en est pas une, selon le vieux principe (que Racine a fait sien plus que tout autre) qu'au théâtre, dire c'est agir. Dire cette décision et l'admettre, la faire admettre à Bérénice. Dans la pièce de Corneille, le discours est saturé de figures et d'arguments, la parole est prolixe et changeante, elle est ce lieu où incessamment s'échafaudent de nouvelles solutions, de nouvelles intrigues, l'échange verbal tient de la joute où l'on plaide, dénonce, réfute, argumente. Dans *Bérénice*, il s'agit seulement d'*expirer* (dans tous les sens du terme), et la parole a bien rapport au souffle ; il s'agit seulement

1. M. Étienne, *Lettres d'Idumée*, *op. cit.*, p. 109.

d'*exprimer* – l'évidence de l'amour, l'évidence de la séparation, et de la douleur.

Dans ce monde-là, on sait ce qu'est la gloire, mais on se débat encore, on refuse dans sa chair que la gloire fasse violence à l'amour, on ressent dans sa chair le doigt glacé de la loi. Ici, l'on souffre, le lieu est étouffant, avec ces initiales entrelacées (v. 1324) qui métaphorisent le désir, le huis clos terrible, qui transforme peu à peu le cabinet des étreintes en tombeau de l'union des corps – Corneille est évidemment plus abstrait (et tout à la fois plus prosaïque), et la scène est celle, neutre, du palais à volonté. Ici, l'on pleure : Racine sait que le public, qui a plébiscité les tragédies galantes de Thomas Corneille, ne boudera pas son plaisir – et l'on est bien au-delà des galanteries convenues de Domitian à la scène 2 de l'acte I. « Je ne puis croire que le public me sache mauvais gré de lui avoir donné une tragédie qui a été honorée de tant de larmes », confirme la préface de *Bérénice*. Ici, l'on pleure et l'on est prêt au suicide (ce n'est qu'*une* solution chez Corneille, c'est la seule chez Racine avant la dernière scène), on ne l'évite qu'au tout dernier moment, par la grâce d'une Bérénice qui, *se levant* du siège où la douleur l'avait jetée, fait le choix du dépassement. Elle accepte de vivre déchirée, d'*obéir* (« je suivrai vos ordres absolus », v. 1493) pour le bien de l'univers – la reine étrangère donnait leçon à Rome chez Corneille, ici elle se plie, par amour, à la loi romaine. Ils serviront « d'exemple à l'univers / De l'amour la plus tendre et la plus malheureuse / Dont il puisse garder l'histoire douloureuse » (v. 1502-1504) : l'exemplarité est celle de la douleur, de la souffrance, d'une acceptation par laquelle on fait sien le non-choix, par laquelle on *accepte* la gloire, ce n'est pas celle de la gloire hautement revendiquée, recherchée. Le dernier mot peut donc être cet « hélas ! » qui marque toute la pièce – et cette brutale « conversion » finale de Bérénice laisse le spectateur proprement « étonné », frappé de stupeur. Alors il peut commencer à entrevoir l'ombre de Bérénice dans *son* Orient désert. Le dénouement est une ouverture sur des années de déchirement, de pleurs peut-être, de dépossession.

Deux pièces, aucune tragédie ?

D'un côté, une comédie héroïque où la crainte et la pitié ne sauraient jouer le rôle qui est le leur dans la tragédie (la dédicace de *Don Sanche d'Aragon* s'en expliquait déjà longuement) ; de l'autre, une tragédie de la compassion, et cette fameuse « tristesse majestueuse » que Racine invente pour l'occasion, qui convoque chaque spectateur, comme intimement, à éprouver la douleur, non à la mettre à distance – on n'est pas exactement dans la *catharsis*, on n'est pas dans l'émotion tragique : Racine « triche », et il le sait, sa préface étant tout simplement une tentative de justifier l'invention d'un nouveau type de pièce qui est une tragédie et qui ne l'est pas tout à fait. Ici l'on pleure, ici l'on rit (« un empereur en pleurs, c'est grotesque ! » et contraire aux bienséances) si l'on refuse le jeu – où est la fameuse dimension morale de l'effet tragique réclamé par Corneille ?

Et c'est là le coup de force de *Bérénice*, pièce pour le

public (notamment féminin) plus que pour les doctes, et contre Corneille. « Ce n'est point une nécessité qu'il y ait du sang et des morts dans une tragédie » : la phrase pourrait être de Corneille, qui a cherché à théoriser la tragédie à fin heureuse, qui a écrit *Cinna*. Racine la lui emprunte, mais c'est pour justifier une tragédie qui n'en est pas une aux yeux du glorieux aîné. « Il suffit que l'action en soit grande, que les acteurs en soient héroïques, que les passions y soient excitées » : rien sur la place respective de l'amour et des intérêts d'État. Et puis la simplicité, et puis cette phrase : « il n'y a que le vraisemblable qui touche dans la tragédie ». Tout cela est contre Corneille, et anti-cornélien. Et le public a choisi : Racine s'impose par une pièce beaucoup plus nettement anti-cornélienne, au premier abord, que ne l'était *Britannicus*. Mais en même temps, et c'est le plus retors, on a dès longtemps remarqué combien Titus est un personnage cornélien, plus qu'un Tite prêt à renoncer au pouvoir, chantant les charmes de l'amour, incapable de décider, sinon dans la dernière scène où le choix de Bérénice a déjà réglé l'essentiel. Titus se trouve confronté à un dilemme qui n'est cornélien qu'à certains égards, mais qui l'est tout de même – à ceci près qu'il ne le vit pas exactement comme le vivrait un personnage de Corneille, à ceci près encore que la tragédie ne se parle pas comme du Corneille.

Bérénice, Robert Garrette[1] l'a montré, c'est la pièce

1. *La Phrase de Racine. Étude stylistique et stylométrique* (voir bibliographie).

des phrases très brèves ou très longues, du vers morcelé, d'un traitement parfois « prosaïque » du mètre, d'un lexique quelquefois très simple, comme pour mimer la conversation. Racine revendique « l'élégance de l'expression », mais cette expression, elle doit toucher, faire éprouver un sentiment de proximité, une véritable « sympathie », au sens étymologique du terme, impliquer le spectateur. Aucune « pompe », ici, ou beaucoup moins qu'à l'ordinaire dans la tragédie. La poésie, dans *Bérénice*, n'est pas tout à fait celle du vers grave, ce qui a choqué certains spectateurs. Elle est d'une autre nature, elle est dans la simplicité (apparente), dans l'émotion délibérément orchestrée. Pièce trop élégiaque, dit-on assez vite. Pièce unique, que Racine ne recommencera pas.

Trois pour un mythe ?

L'élégie ramène au mythe, à celui dont Racine se réclame dès le début de la préface : Didon et Énée. Par une sorte de paradoxe, c'est avec une telle pièce, parfaitement hors normes à bien des égards, que Racine prétend élever la tragédie à la dignité de la plus haute poésie, ou plutôt atteindre l'un de ses possibles effets. Corneille, lui, convoque son propre répertoire : *Cinna*, *Don Sanche d'Aragon*, *Othon*, les allusions abondent. Et pourtant certains propos de Tite font déjà entrevoir *Suréna*, sa dernière pièce, dont le protagoniste féminin aura nom Eurydice.

Didon / Énée, Orphée / Eurydice : des couples. Cependant, dans *Bérénice*, on n'a pas seulement un couple. On n'en a pas non plus potentiellement deux, comme dans *Tite et Bérénice*. On a trois protagonistes, avec cet Antiochus qu'on relègue trop souvent au second plan, aveuglé qu'on est par le couple mythique. Or la pièce tire aussi sa force de ce roi, venu d'ailleurs comme Bérénice, « étrange(r) » comme elle. Il assume, on le sait, plusieurs statuts : rival toujours dans l'ombre, il est ami et confident, double de Titus, son messager parfois, et puis il est spectateur de tout ce qui se passe sous ses yeux et le touche. Osons dire qu'il est peut-être le personnage le plus complexe de la tragédie, le plus douloureux aussi, et Racine lui a confié, dramaturgiquement, un rôle de premier plan : c'est lui qui clôt la pièce après l'avoir ouverte en pénétrant dans ce lieu des amours qui ne sont pas les siennes, en ce lieu où il est proprement ignoré, ce lieu du premier monologue. Là, dans la bouche d'Antiochus, déjà se fait entendre toute la tragédie : trembler, voir, dire, partir. Plus que des thèmes ou même un sujet, c'est un ton qu'il inaugure, des problématiques qu'il dessine, celles qui vaudront dans la pièce pour les *trois* protagonistes. « Eh bien, Antiochus, es-tu toujours le même ? », lance-t-il en ouvrant ce monologue qui *expose* un désir, celui d'abord d'exister dans le regard de Bérénice (plus tard, de Titus), d'être reconnu dans sa souffrance, de n'être plus ni l'ami ni le confident ni le messager mais Antiochus. Une identité propre, un *nom* – et n'est-ce pas ce que conquièrent également les deux amants ? *Bérénice*, c'est aussi la conquête, par Antiochus, d'une identité héroïque et douloureuse qu'il partagera avec Bérénice et Titus, en une sublime « (ré)conciliation » – qui est, proprement, amour. Dans cette tragédie où il n'y a ni sang ni mort, Antiochus aussi meurt au monde, plus précisément il fait entendre qu'il est déjà mort. Il vient de l'ombre et du silence, il y retourne, mais enfin l'on connaît son nom et il n'est plus seul. Relisez *Bérénice* du point de vue d'Antiochus : c'est aussi « sa » pièce. Imaginez *Bérénice* sans Antiochus. Il y manquerait un double, un écho, une voix.

DOMINIQUE MONCOND'HUY.

Indications bibliographiques

La bibliographie sur Corneille et sur Racine étant très vaste, nous nous en tiendrons à quelques références majeures, qui comportent elles-mêmes des bibliographies beaucoup plus complètes.

Pour une introduction générale, lire par exemple Christian Delmas, *La Tragédie de l'âge classique (1553-1770)*, Seuil, 1994.

Les textes : on se réferera pour *Tite et Bérénice* à l'édition de Georges Couton (Corneille, *Œuvres complètes*, Gallimard, « Bibliothèque de la Pléiade », t. III, 1987), pour *Bérénice* à l'édition de Jacques Morel et d'Alain Viala (Racine, *Théâtre complet*, Garnier-Bordas, 1980), en attendant l'édition de Georges Forestier (Gallimard, « Bibliothèque de la Pléiade », à paraître en 1999).

Sur Corneille, la lecture la plus récente est celle, très stimulante et délibérément polémique, de Georges Forestier (*Essai de génétique théâtrale. Corneille à l'œuvre*, Klincksieck, 1996, prolongé par *Corneille. Le sens d'une dramaturgie*, SEDES, 1998). On lira aussi Marc Fumaroli, *Héros et orateurs. Rhétorique et dramaturgie cornéliennes*, Genève, Droz, 1990. Parmi les critiques qui ont marqué les études sur Corneille depuis l'après-guerre, citons seulement les ouvrages d'Octave Nadal (*Le Senti-*

ment de l'amour dans l'œuvre de Pierre Corneille, Gallimard, 1948, rééd. « Tel »), de Serge Doubrovsky (*Corneille et la dialectique du héros*, Gallimard, 1963, rééd. « Tel ») et de Michel Prigent (*Le Héros et l'État dans la tragédie de Pierre Corneille*, P.U.F., 1986).

Sur Racine, la bibliographie a longtemps été dominée par les débats que suscitèrent Roland Barthes (*Sur Racine*, Seuil, 1963, rééd. « Points Seuil ») et Lucien Goldmann (*Le Dieu caché*, Gallimard, 1965, rééd. « Tel »). On consultera le très utile *Jean Racine : bilan critique* (Nathan, 1994, coll. « 128 ») de Jean Rohou (lui-même auteur de la dernière grande lecture proposée sur Racine : *L'Évolution du tragique racinien*, SEDES, 1991). Ne négliger ni Jean Starobinski (« Racine et la poétique du regard », dans *L'Œil vivant*, Gallimard, 1968) ni Christian Surber (*Parole, personnage et référence dans le théâtre de Jean Racine*, Genève, Droz, 1992) ni Robert Garrette (*La Phrase de Racine. Étude stylistique et stylométrique*, Toulouse, Presses Universitaires du Mirail, 1995).

Sur les deux pièces qui nous intéressent ici, on lira en particulier des articles de Gérald Antoine (« Pour une stylistique comparée des deux *Bérénice* », dans *Travaux de linguistique et de littérature*, XI, 1, 1973, p. 444-461, repris dans *Vis à vis ou le double regard*, P.U.F., 1982, p. 67-90), Gérard Defaux (« Titus, ou le héros tremblant », *French Forum*, sept. 1985, p. 271-294) et Georges Forestier (« Où finit *Bérénice* commence *Tite et Bérénice* », dans *Onze études sur la vieillesse de Corneille*, Boulogne-Rouen, ADIREL-Mouvement Corneille [diff. Klincksieck], 1994, p. 53-75 repris dans *Corneille. Le sens d'une dramaturgie*, *op. cit.*). Sur *Bérénice* elle-même, renvoyons seulement au n° 26 de *Littératures classiques* (« Les tragédies romaines de Racine, *Britannicus*, *Bérénice*, *Mithridate* »), qui comporte une abondante bibliographie.

Racine

Bérénice

Tragédie représentée pour la première fois le 21 novembre 1670.

Épître dédicatoire à Monseigneur Colbert

Secrétaire d'État, Contrôleur général des Finances, Surintendant des Bâtiments, Grand trésorier des ordres du roi, Marquis de Seignelay, etc.

Monseigneur,

Quelque juste défiance que j'aie de moi-même et de mes ouvrages, j'ose espérer que vous ne condamnerez pas la liberté que je prends de vous dédier cette tragédie. Vous ne l'avez pas jugée tout à fait indigne de votre approbation. Mais ce qui fait son plus grand mérite auprès de vous, c'est, Monseigneur, que vous avez été témoin du bonheur qu'elle a eu de ne pas déplaire à Sa Majesté.

L'on sait que les moindres choses vous deviennent considérables, pour peu qu'elles puissent servir à sa gloire ou à son plaisir ; et c'est ce qui fait qu'au milieu de tant d'importantes occupations, où le zèle de votre prince et le bien public vous tiennent continuellement attaché, vous ne dédaignez pas quelquefois de descendre jusqu'à nous, pour nous demander compte de notre loisir.

J'aurais ici une belle occasion de m'étendre sur vos

louanges, si vous me permettiez de vous louer. Et que ne dirais-je point de tant de rares qualités qui vous ont attiré l'admiration de toute la France ; de cette pénétration à laquelle rien n'échappe ; de cet esprit vaste qui embrasse, qui exécute tout à la fois tant de grandes choses ; de cette âme que rien n'étonne, que rien ne fatigue !

Mais, Monseigneur, il faut être plus retenu à vous parler de vous-même ; et je craindrais de m'exposer, par un éloge importun, à vous faire repentir de l'attention favorable dont vous m'avez honoré ; il vaut mieux que je songe à la mériter par quelques nouveaux ouvrages : aussi bien c'est le plus agréable remerciement qu'on vous puisse faire. Je suis avec un profond respect,

MONSEIGNEUR,

Votre très humble et très obéissant serviteur,

RACINE.

Préface

> *Titus reginam Berenicen, cui etiam nuptias pollicitus ferebatur, statim ab Urbe dimisit invitus invitam*[1].

C'est-à-dire que « Titus, qui aimait passionnément Bérénice, et qui même, à ce qu'on croyait, lui avait promis de l'épouser, la renvoya de Rome, malgré lui et malgré elle, dès les premiers jours de son empire ». Cette action est très fameuse dans l'histoire ; et je l'ai trouvée très propre pour le théâtre, par la violence des passions qu'elle y pouvait exciter. En effet nous n'avons rien de plus touchant dans tous les poètes que la séparation d'Énée et de Didon, dans Virgile. Et qui doute que ce qui a pu fournir assez de matière pour tout un chant d'un poème héroïque, où l'action dure plusieurs jours, ne puisse suffire pour le sujet d'une tragédie, dont la durée ne doit être que de quelques heures ? Il est vrai

1. Racine construit une phrase en « collant » deux passages de Suétone (*Vie des douze Césars*, « Titus », VII). Ce faisant, il omet délibérément tout ce qui a trait à la cruauté et à la dépravation du jeune Titus ; selon Suétone, l'un des signes de son changement d'attitude fut de renvoyer Bérénice (ce qui laisse entendre qu'elle avait contribué à la vie dissolue du futur empereur).

que je n'ai point poussé Bérénice jusqu'à se tuer, comme Didon, parce que Bérénice n'ayant pas ici avec Titus les derniers engagements que Didon avait avec Énée, elle n'est pas obligée, comme elle, de renoncer à la vie. À cela près, le dernier adieu qu'elle a dit à Titus, et l'effort qu'elle se fait pour s'en séparer n'est pas le moins tragique de la pièce ; et j'ose dire qu'il renouvelle assez bien dans le cœur des spectateurs l'émotion que le reste y avait pu exciter. Ce n'est point une nécessité qu'il y ait du sang et des morts dans une tragédie : il suffit que l'action en soit grande, que les acteurs en soient héroïques, que les passions y soient excitées, et que tout s'y ressente de cette tristesse majestueuse qui fait tout le plaisir de la tragédie.

Je crus que je pourrais rencontrer toutes ces parties dans mon sujet ; mais ce qui m'en plut davantage, c'est que je le trouvai extrêmement simple. Il y avait longtemps que je voulais essayer si je pourrais faire une tragédie avec cette simplicité d'action qui a été si fort du goût des Anciens. Car c'est un des premiers préceptes qu'ils nous ont laissés : « Que ce que vous ferez, dit Horace, soit toujours simple et ne soit qu'un. » Ils ont admiré l'*Ajax* de Sophocle, qui n'est autre chose qu'Ajax qui se tue de regret, à cause de la fureur où il était tombé après le refus qu'on lui avait fait des armes d'Achille. Ils ont admiré le *Philoctète*, dont tout le sujet est Ulysse qui vient pour surprendre les flèches d'Hercule. L'*Œdipe* même, quoique tout plein de reconnaissances, est moins chargé de matière que la plus simple tragédie de nos jours. Nous voyons enfin que les partisans de Térence, qui l'élèvent avec raison au-dessus de tous les poètes comiques, pour l'élégance de sa diction et pour la vraisemblance de ses mœurs, ne laissent pas de confesser que Plaute a un grand avantage sur lui par la simplicité qui est dans la plupart des sujets de Plaute ; et c'est sans doute cette simplicité merveilleuse qui a attiré à ce dernier toutes les louanges que les Anciens lui ont données. Combien Ménandre était-il encore plus simple, puisque Térence est obligé de prendre deux comédies de ce poète pour en faire une des siennes.

Et il ne faut point croire que cette règle ne soit fondée que sur la fantaisie de ceux qui l'ont faite : il n'y a que le vraisemblable qui touche dans la tragédie, et quelle vraisemblance y a-t-il qu'il arrive en un jour une multitude de choses qui pourraient à peine arriver en plusieurs semaines ? Il y en a qui pensent que cette simplicité est une marque de peu d'invention. Ils ne songent pas qu'au contraire toute l'invention consiste à faire quelque chose de rien, et que tout ce grand nombre d'incidents a toujours été le refuge des poètes qui ne sentaient dans leur génie ni assez d'abondance ni assez de force pour attacher durant cinq actes leurs spectateurs par une action simple, soutenue de la violence des passions, de la beauté des sentiments et de l'élégance de l'expression. Je suis bien éloigné de croire que toutes ces choses se rencontrent dans mon ouvrage ; mais aussi je ne puis croire que le public me sache mauvais gré de lui avoir donné une tragédie qui a été honorée de tant de larmes, et dont la trentième représentation a été aussi suivie que la première.

Ce n'est pas que quelques personnes ne m'aient reproché cette même simplicité que j'avais recherchée avec tant de soin. Ils ont cru qu'une tragédie qui était si peu chargée d'intrigues ne pouvait être selon les règles du théâtre. Je m'informai s'ils se plaignaient qu'elle les eût ennuyés. On me dit qu'ils avouaient tous qu'elle n'ennuyait point, qu'elle les touchait même en plusieurs endroits, et qu'ils la verraient encore avec plaisir. Que veulent-ils davantage ? Je les conjure d'avoir assez bonne opinion d'eux-mêmes pour ne pas croire qu'une pièce qui les touche et qui leur donne du plaisir puisse être absolument contre les règles. La principale règle est de plaire et de toucher, toutes les autres ne sont faites que pour parvenir à cette première. Mais toutes ces règles sont d'un long détail, dont je ne leur conseille pas de s'embarrasser : ils ont des occupations plus importantes. Qu'ils se reposent sur nous de la fatigue d'éclaircir les difficultés de la *Poétique* d'Aristote ; qu'ils se réservent le plaisir de pleurer et d'être attendris ; et qu'ils me permettent de leur dire ce qu'un musicien disait à Philippe, roi de Macédoine, qui prétendait qu'une chanson n'était pas selon les règles : « À Dieu ne plaise, seigneur, que vous soyez jamais si malheureux que de savoir ces choses-là mieux que moi ! »

Voilà tout ce que j'ai à dire à ces personnes à qui je me ferai toujours gloire de plaire ; car, pour le libelle[1] que l'on a fait contre moi, je crois que les lecteurs me dispenseront volontiers d'y répondre. Et que répondrais-je à un homme qui ne pense rien et qui ne sait pas même construire ce qu'il pense ? Il parle de protase comme s'il entendait ce mot, et veut que cette première des quatre parties de la tragédie soit toujours la

1. Il s'agit de *La Critique de Bérémice*, de l'abbé de Villars (1671).

plus proche de la dernière, qui est la catastrophe[1]. Il se plaint que la trop grande connaissance des règles l'empêche de se divertir à la comédie. Certainement, si l'on en juge par sa dissertation, il n'y eut jamais de plainte plus mal fondée. Il paraît bien qu'il n'a jamais lu Sophocle, qu'il loue très injustement d'« une grande multiplicité d'incidents » et qu'il n'a même jamais rien lu de la *Poétique* que dans quelques préfaces de tragédies. Mais je lui pardonne de ne pas savoir les règles du théâtre, puisque, heureusement pour le public, il ne s'applique pas à ce genre d'écrire. Ce que je ne lui pardonne pas, c'est de savoir si peu les règles de la bonne plaisanterie, lui qui ne veut pas dire un mot sans plaisanter. Croit-il réjouir beaucoup les honnêtes gens par ces « hélas de poche[2] », ces « mesdemoiselles mes règles », et quantité d'autres basses affectations qu'il trouvera condamnées dans tous les bons auteurs, s'il se mêle jamais de les lire ?

Toutes ces critiques sont le partage de quatre ou cinq petits auteurs infortunés qui n'ont jamais pu par eux-mêmes exciter la curiosité du public. Ils attendent toujours l'occasion de quelque ouvrage qui réussisse, pour l'attaquer, non point par jalousie, car sur quel fondement seraient-ils jaloux ? mais dans l'espérance qu'on se donnera la peine de leur répondre, et qu'on les tirera de l'obscurité où leurs propres ouvrages les auraient laissés toute leur vie.

---

1. La protase correspond à l'exposition, la catastrophe, au dénouement. – 2. Selon l'abbé de Villars, Antioches « a toujours un *toutefois* et un *hélas !* de poche pour amuser le théâtre ».

ACTEURS

TITUS, *empereur de Rome.*
BÉRÉNICE, *reine de Palestine.*
ANTIOCHUS, *roi de Comagène.*
PAULIN, *confident de Titus.*
ARSACE, *confident d'Antiochus.*
PHÉNICE, *confidente de Bérénice.*
RUTILE, *Romain.*
Suite de Titus.

La scène est à Rome, dans un cabinet qui est entre l'appartement de Titus et celui de Bérénice.

ACTE PREMIER

SCÈNE PREMIÈRE

ANTIOCHUS, ARSACE.

ANTIOCHUS

Arrêtons un moment. La pompe de ces lieux,
Je le vois bien, Arsace, est nouvelle à tes yeux.
Souvent ce cabinet superbe et solitaire
Des secrets de Titus est le dépositaire.
C'est ici quelquefois qu'il se cache à sa cour,
Lorsqu'il vient à la reine expliquer son amour.
De son appartement cette porte est prochaine,
Et cette autre conduit dans celui de la reine.
Va chez elle : dis-lui qu'importun à regret,
J'ose lui demander un entretien secret.

ARSACE

Vous, Seigneur, importun ? vous, cet ami fidèle
Qu'un soin si généreux intéresse pour elle ?

Vous, cet Antiochus, son amant[1] autrefois ?
Vous, que l'Orient[2] compte entre ses plus grands rois ?
Quoi ! déjà de Titus épouse en espérance,
Ce rang entre elle et vous met-il tant de distance ?

ANTIOCHUS

Va, dis-je : et sans vouloir te charger d'autres soins,
Vois si je puis bientôt lui parler sans témoins.

SCÈNE II

ANTIOCHUS, *seul.*

Hé bien ! Antiochus, es-tu toujours le même ?
Pourrai-je, sans trembler, lui dire : « Je vous aime » ?
Mais quoi ! déjà je tremble, et mon cœur agité
Craint autant ce moment que je l'ai souhaité.
Bérénice autrefois m'ôta toute espérance ;
Elle m'imposa même un éternel silence.
Je me suis tu cinq ans ; et jusques à ce jour,
D'un voile d'amitié j'ai couvert mon amour.
Dois-je croire qu'au rang où Titus la destine
Elle m'écoute mieux que dans la Palestine ?
Il l'épouse. Ai-je donc attendu ce moment
Pour me venir encor déclarer son amant ?
Quel fruit me reviendra d'un aveu téméraire ?

1. *amant* : vous qui lui avez déclaré votre amour. – 2. *Orient* : c'est le Proche-Orient. Antiochus est roi de Commagène, royaume situé au nord-est de la Syrie et à l'est de la Cappadoce, près de l'Euphrate.

Ah ! puisqu'il faut partir, partons sans lui déplaire,
Retirons-nous, sortons, et, sans nous découvrir,
Allons loin de ses yeux l'oublier, ou mourir.
Hé quoi ? souffrir toujours un tourment qu'elle ignore ?
Toujours verser des pleurs qu'il faut que je dévore ?
Quoi ? même en la perdant redouter son courroux ?
Belle reine, et pourquoi vous offenseriez-vous ?
Viens-je vous demander que vous quittiez l'empire ?
Que vous m'aimiez ? Hélas ! je ne viens que vous dire
Qu'après m'être longtemps flatté[1] que mon rival
Trouverait à ses vœux quelque obstacle fatal,
Aujourd'hui qu'il peut tout, que votre hymen s'avance,
Exemple infortuné d'une longue constance,
Après cinq ans d'amour et d'espoir superflus,
Je pars, fidèle encor quand je n'espère plus.
Au lieu de s'offenser, elle pourra me plaindre.
Quoi qu'il en soit, parlons ; c'est assez nous contraindre,
Et que peut craindre, hélas ! un amant sans espoir
Qui peut bien se résoudre à ne la jamais voir ?

SCÈNE III

ANTIOCHUS, ARSACE.

ANTIOCHUS

Arsace, entrerons-nous ?

---

1. *flatté* : entretenu dans l'illusion.

ARSACE

Seigneur, j'ai vu la reine ;
Mais, pour me faire voir, je n'ai percé qu'à peine
Les flots toujours nouveaux d'un peuple adorateur
Qu'attire sur ses pas sa prochaine grandeur.
Titus, après huit jours d'une retraite austère,
Cesse enfin de pleurer Vespasien son père.
Cet amant se redonne aux soins de son amour ;
Et, si j'en crois, Seigneur, l'entretien de la cour[1],
Peut-être avant la nuit l'heureuse Bérénice
Change le nom de reine au nom d'impératrice.

ANTIOCHUS

Hélas !

ARSACE

Quoi ! ce discours pourrait-il vous troubler ?

ANTIOCHUS

Ainsi donc sans témoins je ne lui puis parler ?

ARSACE

Vous la verrez, Seigneur ; Bérénice est instruite
Que vous voulez ici la voir seule et sans suite.
La reine d'un regard a daigné m'avertir
Qu'à votre empressement elle allait consentir ;

1. *cour* : les propos qui s'échangent à la cour.

Et sans doute elle attend le moment favorable
Pour disparaître aux yeux d'une cour qui l'accable.

ANTIOCHUS

Il suffit. Cependant n'as-tu rien négligé
Des ordres importants dont je t'avais chargé ?

ARSACE

Seigneur, vous connaissez ma prompte obéissance.
Des vaisseaux dans Ostie[1] armés en diligence,
Prêts à quitter le port de moments en moments,
N'attendent pour partir que vos commandements.
Mais qui renvoyez-vous dans votre Comagène ?

ANTIOCHUS

Arsace, il faut partir quand j'aurai vu la reine.

ARSACE

Qui doit partir ?

ANTIOCHUS

Moi.

ARSACE

Vous ?

---

1. *Ostie* : port de Rome.

ANTIOCHUS

En sortant du palais,
Je sors de Rome, Arsace, et j'en sors pour jamais.

ARSACE

Je suis surpris sans doute[1], et c'est avec justice.
Quoi ! depuis si longtemps la reine Bérénice
Vous arrache, Seigneur, du sein de vos États ;
Depuis trois ans dans Rome elle arrête vos pas ;
Et lorsque cette reine, assurant sa conquête,
Vous attend pour témoin de cette illustre fête ;
Quand l'amoureux Titus, devenant son époux,
Lui prépare un éclat qui rejaillit sur vous...

ANTIOCHUS

Arsace, laisse-la jouir de sa fortune[2],
Et quitte un entretien dont le cours m'importune.

ARSACE

Je vous entends, Seigneur : ces mêmes dignités
Ont rendu Bérénice ingrate à vos bontés[3].
L'inimitié succède à l'amitié trahie.

ANTIOCHUS

Non, Arsace, jamais je ne l'ai moins haïe.

---

1. *doute* : assurément. – 2. *fortune* : sa destinée. – 3. *bontés* : signes d'affection.

ARSACE

Quoi donc? de sa grandeur déjà trop prévenu[1],
Le nouvel empereur vous a-t-il méconnu[2]?
Quelque pressentiment de son indifférence
Vous fait-il loin de Rome éviter sa présence?

ANTIOCHUS

Titus n'a point pour moi paru se démentir,
J'aurais tort de me plaindre.

ARSACE

Et pourquoi donc partir?
Quel caprice vous rend ennemi de vous-même?
Le ciel met sur le trône un prince qui vous aime,
Un prince qui jadis, témoin de vos combats,
Vous vit chercher la gloire et la mort sur ses pas,
Et de qui la valeur, par vos soins secondée,
Mit enfin sous le joug la rebelle Judée.
Il se souvient du jour illustre et douloureux
Qui décida du sort d'un long siège douteux.
Sur leurs triples remparts les ennemis tranquilles
Contemplaient sans péril nos assauts inutiles;
Le bélier impuissant les menaçait en vain:
Vous seul, Seigneur, vous seul, une échelle à la main,
Vous portâtes la mort jusque sur leurs murailles.
Ce jour presque éclaira vos propres funérailles:

1. *prévenu*: rendu hautain à l'avance. – 2. *méconnu*: a-t-il feint de ne pas vous reconnaître?

BÉRÉNICE

Titus vous embrassa mourant entre mes bras,
Et tout le camp vainqueur pleura votre trépas.
Voici le temps, Seigneur, où vous devez attendre
Le fruit de tant de sang qu'ils vous ont vu répandre.
Si, pressé du désir de revoir vos États,
Vous vous lassez de vivre où vous ne régnez pas,
Faut-il que sans honneur l'Euphrate vous revoie ?
Attendez pour partir que César vous renvoie
Triomphant et chargé des titres souverains
Qu'ajoute encore aux rois l'amitié des Romains.
Rien ne peut-il, Seigneur, changer votre entreprise ?
Vous ne répondez point.

ANTIOCHUS

Que veux-tu que je dise ?
J'attends de Bérénice un moment d'entretien.

ARSACE

Hé bien, Seigneur ?

ANTIOCHUS

Son sort décidera du mien.

ARSACE

Comment ?

ANTIOCHUS

Sur son hymen j'attends qu'elle s'explique.

Si sa bouche s'accorde avec la voix publique,
S'il est vrai qu'on l'élève au trône des Césars,
Si Titus a parlé, s'il l'épouse, je pars.

ARSACE

Mais qui rend à vos yeux cet hymen si funeste ?

ANTIOCHUS

Quand nous serons partis, je te dirai le reste.

ARSACE

Dans quel trouble, Seigneur, jetez-vous mon esprit !

ANTIOCHUS

La reine vient. Adieu, fais tout ce que j'ai dit.

SCÈNE IV

BÉRÉNICE, ANTIOCHUS, PHÉNICE.

BÉRÉNICE

Enfin je me dérobe à la joie importune
De tant d'amis nouveaux que me fait la fortune ;
Je fuis de leurs respects l'inutile longueur,
Pour chercher un ami qui me parle du cœur[1].

---

1. *cœur* : à cœur ouvert.

BÉRÉNICE

Il ne faut point mentir, ma juste impatience
Vous accusait déjà de quelque négligence.
Quoi ? cet Antiochus, disais-je, dont les soins
Ont eu tout l'Orient et Rome pour témoins ;
Lui, que j'ai vu toujours constant dans mes traverses[1]
Suivre d'un pas égal mes fortunes diverses ;
Aujourd'hui que le ciel semble me présager
Un honneur qu'avec vous je prétends[2] partager,
Ce même Antiochus, se cachant à ma vue,
Me laisse à la merci d'une foule inconnue ?

ANTIOCHUS

Il est donc vrai, Madame ? Et, selon ce discours,
L'hymen va succéder à vos longues amours ?

BÉRÉNICE

Seigneur, je vous veux bien confier mes alarmes[3] :
Ces jours ont vu mes yeux baignés de quelques larmes ;
Ce long deuil que Titus imposait à sa cour
Avait même en secret suspendu son amour ;
Il n'avait plus pour moi cette ardeur assidue
Lorsqu'il passait les jours attaché sur ma vue.
Muet, chargé de soins[4] et les larmes aux yeux,
Il ne me laissait plus que de tristes adieux.
Jugez de ma douleur, moi dont l'ardeur extrême,
Je vous l'ai dit cent fois, n'aime en lui que lui-même ;

---

1. *traverses* : malheurs. – 2. *prétends* : j'ai l'intention. – 3. *alarmes* : inquiétudes. – 4. *soins* : soucis.

Moi qui, loin des grandeurs dont il est revêtu,
Aurais choisi son cœur et cherché sa vertu.

ANTIOCHUS

Il a repris pour vous sa tendresse première ?

BÉRÉNICE

Vous fûtes spectateur de cette nuit dernière,
Lorsque, pour seconder ses soins religieux,
Le sénat a placé son père entre les dieux.
De ce juste devoir sa piété contente[1]
A fait place, Seigneur, au soin de son amante ;
Et même en ce moment, sans qu'il m'en ait parlé,
Il est dans le sénat, par son ordre assemblé.
Là, de la Palestine il étend la frontière ;
Il y joint l'Arabie et la Syrie entière ;
Et, si de ses amis j'en dois croire la voix,
Si j'en crois ses serments redoublés mille fois,
Il va sur tant d'États couronner Bérénice,
Pour joindre à plus de noms le nom d'impératrice.
Il m'en viendra lui-même assurer en ce lieu.

ANTIOCHUS

Et je viens donc vous dire un éternel adieu.

---

1. *contente* : satisfaite.

about the absolute Prince

BÉRÉNICE

Que dites-vous ? Ah ! ciel ! quel adieu ! quel langage !
Prince, vous vous troublez et changez de visage !

ANTIOCHUS

Madame, il faut partir.

BÉRÉNICE

Quoi ? ne puis-je savoir
Quel sujet...

ANTIOCHUS *(à part)*

Il fallait partir sans la revoir.

BÉRÉNICE

Que craignez-vous ? Parlez, c'est trop longtemps se taire.
Seigneur, de ce départ quel est donc le mystère ?

ANTIOCHUS

Au moins souvenez-vous que je cède à vos lois,
Et que vous m'écoutez pour la dernière fois.
Si, dans ce haut degré de gloire et de puissance,
Il vous souvient des lieux où vous prîtes naissance,
Madame, il vous souvient que mon cœur en ces lieux
Reçut le premier trait[1] qui partit de vos yeux :

---

1. *trait* : flèche (décochée par le dieu Amour).

J'aimai. J'obtins l'aveu[1] d'Agrippa votre frère,
Il vous parla pour moi. Peut-être sans colère
Alliez-vous de mon cœur recevoir le tribut ;
Titus, pour mon malheur, vint, vous vit et vous plut.
Il parut devant vous dans tout l'éclat d'un homme
Qui porte entre ses mains la vengeance de Rome.
La Judée en pâlit. Le triste Antiochus
Se compta le premier au nombre des vaincus.
Bientôt, de mon malheur interprète sévère,
Votre bouche à la mienne ordonna de se taire.
Je disputai[2] longtemps, je fis parler mes yeux ;
Mes pleurs et mes soupirs vous suivaient en tous lieux.
Enfin votre rigueur emporta la balance ;
Vous sûtes m'imposer l'exil ou le silence.
Il fallut le promettre, et même le jurer.
Mais, puisqu'en ce moment j'ose me déclarer,
Lorsque vous m'arrachiez cette injuste promesse,
Mon cœur faisait serment de vous aimer sans cesse.

BÉRÉNICE

Ah ! que me dites-vous ?

ANTIOCHUS

Je me suis tu cinq ans,
Madame, et vais encor me taire plus longtemps.
De mon heureux rival j'accompagnai les armes ;
J'espérai de verser mon sang après mes larmes,

1. *aveu* : consentement. – 2. *disputai* : je luttai.

Ou qu'au moins, jusqu'à vous porté par mille exploits,
Mon nom pourrait parler, au défaut de ma voix.
Le ciel sembla promettre une fin à ma peine :
Vous pleurâtes ma mort, hélas ! trop peu certaine.
Inutiles périls ! Quelle était mon erreur !
La valeur de Titus surpassait ma fureur[1].
Il faut qu'à sa vertu mon estime réponde.
Quoique attendu, Madame, à l'empire du monde,
Chéri de l'univers, enfin aimé de vous,
Il semblait à lui seul appeler tous les coups,
Tandis que, sans espoir, haï, lassé de vivre,
Son malheureux rival ne semblait que le suivre.
Je vois que votre cœur m'applaudit en secret :
Je vois que l'on m'écoute avec moins de regret,
Et que, trop attentive à ce récit funeste,
En faveur de Titus vous pardonnez le reste.
Enfin, après un siège aussi cruel que lent,
Il dompta les mutins, reste pâle et sanglant
Des flammes, de la faim, des fureurs intestines,
Et laissa leurs remparts cachés sous leurs ruines.
Rome vous vit, Madame, arriver avec lui.
Dans l'Orient désert quel devint mon ennui[2] !
Je demeurai longtemps errant dans Césarée[3],
Lieux charmants[4] où mon cœur vous avait adorée.
Je vous redemandais à vos tristes États ;
Je cherchais en pleurant les traces de vos pas.
Mais enfin, succombant à ma mélancolie,

---

1. *fureur* : folle passion. – 2. *ennui* : profond tourment. – 3. *Césarée* : ville de Palestine. – 4. *charmants* : fascinants (avec une connotation magique).

Mon désespoir tourna mes pas vers l'Italie ;
Le sort m'y réservait le dernier de ses coups :
Titus en m'embrassant m'amena devant vous.
Un voile d'amitié vous trompa l'un et l'autre,
Et mon amour devint le confident du vôtre.
Mais toujours quelque espoir flattait mes déplaisirs.
Rome, Vespasien traversaient[1] vos soupirs.
Après tant de combats, Titus cédait peut-être.
Vespasien est mort, et Titus est le maître.
Que[2] ne fuyais-je alors ! J'ai voulu quelques jours
De son nouvel empire examiner le cours.
Mon sort est accompli. Votre gloire s'apprête.
Assez d'autres, sans moi, témoins de cette fête,
À vos heureux transports[3] viendront joindre les leurs ;
Pour moi, qui ne pourrais y mêler que des pleurs,
D'un inutile amour trop constante victime,
Heureux dans mes malheurs d'en avoir pu sans crime
Conter toute l'histoire aux yeux qui les ont faits,
Je pars plus amoureux que je ne fus jamais.

BÉRÉNICE

Seigneur, je n'ai pas cru que, dans une journée
Qui doit avec César unir ma destinée,
Il fût quelque mortel qui pût impunément
Se venir à mes yeux déclarer mon amant.
Mais de mon amitié mon silence est un gage :
J'oublie en sa faveur un discours qui m'outrage.

---

1. *traversaient* : mettaient des obstacles à. – 2. *que* : pourquoi. – 3. *transports* : manifestations d'une émotion.

Je n'en ai point troublé le cours injurieux ;
Je fais plus : à regret je reçois vos adieux.
Le ciel sait qu'au milieu des honneurs qu'il m'envoie,
Je n'attendais que vous pour témoin de ma joie.
Avec tout l'univers j'honorais vos vertus.
Titus vous chérissait, vous admiriez Titus.
Cent fois je me suis fait une douceur extrême
D'entretenir Titus dans un autre lui-même.

ANTIOCHUS

Et c'est ce que je fuis. J'évite, mais trop tard,
Ces cruels entretiens où je n'ai point de part.
Je fuis Titus. Je fuis ce nom qui m'inquiète[1],
Ce nom qu'à tous moments votre bouche répète.
Que vous dirai-je enfin ? Je fuis des yeux distraits
Qui me voyant toujours, ne me voyaient jamais.
Adieu. Je vais, le cœur trop plein de votre image,
Attendre, en vous aimant, la mort pour mon partage.
Surtout ne craignez point qu'une aveugle douleur
Remplisse l'univers du bruit de mon malheur,
Madame ; le seul bruit d'une mort que j'implore
Vous fera souvenir que je vivais encore.
Adieu.

1. *inquiète* : me tourmente.

SCÈNE V

BÉRÉNICE, PHÉNICE.

PHÉNICE

Que je le plains ! Tant de fidélité,
Madame, méritait plus de prospérité.
Ne le plaignez-vous pas ?

BÉRÉNICE

Cette prompte retraite
Me laisse, je l'avoue, une douleur secrète.

PHÉNICE

Je l'aurais retenu.

BÉRÉNICE

Qui ? moi ? le retenir ?
J'en dois perdre plutôt jusques au souvenir.
Tu veux donc que je flatte une ardeur insensée ?

PHÉNICE

Titus n'a point encore expliqué sa pensée.
Rome vous voit, Madame, avec des yeux jaloux ;
La rigueur de ses lois m'épouvante pour vous :
L'hymen chez les Romains n'admet qu'une Romaine ;

BÉRÉNICE

Rome hait tous les rois, et Bérénice est reine.

BÉRÉNICE

Le temps n'est plus, Phénice, où je pouvais trembler.
Titus m'aime, il peut tout, il n'a plus qu'à parler.
Il verra le sénat m'apporter ses hommages,
Et le peuple de fleurs couronner ses images.
De cette nuit, Phénice, as-tu vu la splendeur?
Tes yeux ne sont-ils pas tout pleins de sa grandeur?
Ces flambeaux, ce bûcher, cette nuit enflammée,
Ces aigles, ces faisceaux, ce peuple, cette armée,
Cette foule de rois, ces consuls, ce sénat,
Qui tous de mon amant empruntaient leur éclat;
Cette pourpre, cet or, que rehaussait sa gloire,
Et ces lauriers encor témoins de sa victoire;
Tous ces yeux qu'on voyait venir de toutes parts
Confondre sur lui seul leurs avides regards;
Ce port majestueux, cette douce présence.
Ciel! avec quel respect et quelle complaisance
Tous les cœurs en secret l'assuraient de leur foi!
Parle: peut-on le voir sans penser, comme moi,
Qu'en quelque obscurité que le sort l'eût fait naître,
Le monde en le voyant eût reconnu son maître?
Mais, Phénice, où m'emporte un souvenir charmant?
Cependant Rome entière, en ce même moment,
Fait des vœux pour Titus, et par des sacrifices,
De son règne naissant célèbre les prémices.
Que tardons-nous? Allons, pour son empire heureux,
Au ciel qui le protège offrir aussi nos vœux.
Aussitôt, sans l'attendre, et sans être attendue,

Je reviens le chercher, et dans cette entrevue
Dire tout ce qu'aux cœurs l'un de l'autre contents
Inspirent des transports retenus si longtemps.

ACTE II

SCÈNE PREMIÈRE

TITUS, PAULIN, SUITE.

TITUS

A-t-on vu de ma part le roi de Comagène ?
Sait-il que je l'attends ?

PAULIN

J'ai couru chez la reine.
Dans son appartement ce prince avait paru ;
Il en était sorti lorsque j'y suis couru ;
De vos ordres, Seigneur, j'ai dit qu'on l'avertisse.

TITUS

Il suffit. Et que fait la reine Bérénice ?

PAULIN

La reine, en ce moment, sensible à vos bontés,
Charge le ciel de vœux pour vos prospérités.
Elle sortait, Seigneur.

TITUS

Trop aimable princesse !
Hélas !

PAULIN

En sa faveur d'où naît cette tristesse ?
L'Orient presque entier va fléchir sous sa loi :
Vous la plaignez ?

TITUS

Paulin, qu'on vous laisse avec moi.

SCÈNE II

TITUS, PAULIN.

TITUS

Hé bien, de mes desseins Rome encore incertaine
Attend que[1] deviendra le destin de la reine,
Paulin ; et les secrets de son cœur et du mien
Sont de tout l'univers devenus l'entretien.
Voici le temps enfin qu'il faut que je m'explique.
De la reine et de moi que dit la voix publique ?
Parlez : qu'entendez-vous ?

---

1. *que* : ce que.

PAULIN

J'entends de tous côtés
Publier[1] vos vertus, Seigneur, et ses beautés.

TITUS

Que dit-on des soupirs[2] que je pousse pour elle ?
Quel succès[3] attend-on d'un amour si fidèle ?

PAULIN

Vous pouvez tout : aimez, cessez d'être amoureux,
La cour sera toujours du parti de vos vœux.

TITUS

Et je l'ai vue aussi cette cour peu sincère,
À ses maîtres toujours trop soigneuse de plaire,
Des crimes de Néron approuver les horreurs ;
Je l'ai vue à genoux consacrer ses fureurs.
Je ne prends point pour juge une cour idolâtre,
Paulin : je me propose un plus noble théâtre,
Et, sans prêter l'oreille à la voix des flatteurs,
Je veux par votre bouche entendre tous les cœurs.
Vous me l'avez promis. Le respect et la crainte
Ferment autour de moi le passage à la plainte ;
Pour mieux voir, cher Paulin, et pour entendre mieux,
Je vous ai demandé des oreilles, des yeux ;

---

1. *publier* : rendre publiques (donc, ici, louées). – 2. *soupirs* : soupirs d'amour. – 3. *succès* : résultat.

BÉRÉNICE

J'ai mis même à ce prix mon amitié secrète :
J'ai voulu que des cœurs vous fussiez l'interprète ;
Qu'au travers des flatteurs votre sincérité
Fît toujours jusqu'à moi passer la vérité.
Parlez donc. Que faut-il que Bérénice espère ?
Rome lui sera-t-elle indulgente ou sévère ?
Dois-je croire qu'assise au trône des Césars
Une si belle reine offensât ses regards ?

PAULIN

N'en doutez point, Seigneur. Soit raison, soit caprice,
Rome ne l'attend point pour son impératrice.
On sait qu'elle est charmante ; et de si belles mains
Semblent vous demander l'empire des humains ;
Elle a même, dit-on, le cœur d'une Romaine ;
Elle a mille vertus. Mais, Seigneur, elle est reine.
Rome, par une loi qui ne se peut changer,
N'admet avec son sang aucun sang étranger
Et ne reconnaît point les fruits illégitimes
Qui naissent d'un hymen contraire à ses maximes[1].
D'ailleurs, vous le savez, en bannissant ses rois,
Rome à ce nom, si noble et si saint autrefois,
Attacha pour jamais une haine puissante ;
Et quoiqu'à ses Césars fidèle, obéissante,
Cette haine, Seigneur, reste de sa fierté,
Survit dans tous les cœurs après la liberté[2].
Jules[3], qui le premier la soumit à ses armes,

---

1. *maximes* : règles. – 2. *liberté* : après la fin de la République. – 3. *Jules* : César.

Qui fit taire les lois dans le bruit des alarmes,
Brûla pour Cléopâtre, et, sans se déclarer,
Seule dans l'Orient la laissa soupirer.
Antoine, qui l'aima jusqu'à l'idolâtrie,
Oublia dans son sein sa gloire et sa patrie,
Sans oser toutefois se nommer son époux :
Rome l'alla chercher jusques à ses genoux
Et ne désarma point sa fureur vengeresse
Qu'elle[1] n'eût accablé l'amant et la maîtresse.
Depuis ce temps, Seigneur, Caligula, Néron,
Monstres dont à regret je cite ici le nom,
Et qui, ne conservant que la figure d'homme,
Foulèrent à leurs pieds toutes les lois de Rome,
Ont craint cette loi seule, et n'ont point à nos yeux
Allumé le flambeau d'un hymen odieux.
Vous m'avez commandé surtout d'être sincère.
De l'affranchi Pallas nous avons vu le frère,
Des fers de Claudius Félix encor flétri,
De deux reines, Seigneur, devenir le mari ;
Et, s'il faut jusqu'au bout que je vous obéisse,
Ces deux reines étaient du sang de Bérénice.
Et vous croiriez pouvoir, sans blesser nos regards,
Faire entrer une reine au lit de nos Césars,
Tandis que l'Orient dans le lit de ses reines
Voit passer un esclave au sortir de nos chaînes ?
C'est ce que les Romains pensent de votre amour :
Et je ne réponds pas[2], avant la fin du jour,
Que le sénat, chargé des vœux de tout l'Empire,

---

1. *elle* : avant qu'elle. – 2. *pas* : je ne garantis pas.

BÉRÉNICE

Ne vous redise ici ce que je viens de dire ;
Et que Rome avec lui, tombant à vos genoux,
Ne vous demande un choix digne d'elle et de vous.
Vous pouvez préparer, Seigneur, votre réponse.

TITUS

Hélas ! à quel amour on veut que je renonce !

PAULIN

Cet amour est ardent, il le faut confesser.

TITUS

Plus ardent mille fois que tu ne peux penser,
Paulin. Je me suis fait un plaisir nécessaire
De la voir chaque jour, de l'aimer, de lui plaire.
J'ai fait plus. Je n'ai rien de secret à tes yeux :
J'ai pour elle cent fois rendu grâces aux dieux
D'avoir choisi mon père au fond de l'Idumée[1],
D'avoir rangé sous lui l'Orient et l'armée,
Et, soulevant encor le reste des humains,
Remis Rome sanglante en ses paisibles mains.
J'ai même souhaité la place de mon père,
Moi, Paulin, qui cent fois, si le sort moins sévère
Eût voulu de sa vie étendre les liens[2],
Aurais donné mes jours pour prolonger les siens :
Tout cela (qu'un amant sait mal ce qu'il désire !)

---

1. *Idumée* : région située au sud de la Judée ; Vespasien s'y trouvait lorsqu'il fut proclamé empereur. – 2. *liens* : allonger sa vie.

Dans l'espoir d'élever Bérénice à l'empire,
De reconnaître un jour son amour et sa foi,
Et de voir à ses pieds tout le monde avec moi.
Malgré tout mon amour, Paulin, et tous ses charmes,
Après mille serments appuyés de mes larmes,
Maintenant que je puis couronner tant d'attraits,
Maintenant que je l'aime encor plus que jamais,
Lorsqu'un heureux hymen, joignant nos destinées,
Peut payer en un jour les vœux de cinq années,
Je vais, Paulin... Ô ciel! puis-je le déclarer?

PAULIN

Quoi, Seigneur?

TITUS

Pour jamais je vais m'en séparer.
Mon cœur en ce moment ne vient pas de se rendre.
Si je t'ai fait parler, si j'ai voulu t'entendre,
Je voulais que ton zèle achevât en secret
De confondre[1] un amour qui se tait à regret.
Bérénice a longtemps balancé la victoire;
Et si je penche enfin du côté de ma gloire,
Crois qu'il m'en a coûté, pour vaincre tant d'amour,
Des combats dont mon cœur saignera plus d'un jour.
J'aimais, je soupirais dans une paix profonde:
Un autre était chargé de l'empire du monde.
Maître de mon destin, libre de mes soupirs,

1. *confondre*: rendre vulnérable.

Je ne rendais qu'à moi compte de mes désirs.
Mais à peine le ciel eut rappelé mon père,
Dès que ma triste main eut fermé sa paupière,
De mon aimable[1] erreur je fus désabusé :
Je sentis le fardeau qui m'était imposé ;
Je connus que bientôt, loin d'être à ce que j'aime,
Il fallait, cher Paulin, renoncer à moi-même ;
Et que le choix des dieux, contraire à mes amours,
Livrait à l'univers le reste de mes jours.
Rome observe aujourd'hui ma conduite nouvelle.
Quelle honte pour moi, quel présage pour elle,
Si dès le premier pas, renversant tous ses droits,
Je fondais mon bonheur sur le débris des lois !
Résolu d'accomplir ce cruel sacrifice,
J'y voulus préparer la triste Bérénice ;
Mais par où commencer ? Vingt fois, depuis huit jours,
J'ai voulu devant elle en ouvrir le discours ;
Et, dès le premier mot, ma langue embarrassée
Dans ma bouche vingt fois a demeuré glacée.
J'espérais que du moins mon trouble et ma douleur
Lui ferait pressentir notre commun malheur ;
Mais sans me soupçonner, sensible à mes alarmes,
Elle m'offre sa main pour essuyer mes larmes,
Et ne prévoit rien moins dans cette obscurité[2]
Que la fin d'un amour qu'elle a trop mérité.
Enfin j'ai ce matin rappelé ma constance :
Il faut la voir, Paulin, et rompre le silence.
J'attends Antiochus pour lui recommander

1. *aimable* : digne d'être aimée. – 2. *obscurité* : aveuglement.

Ce dépôt précieux que je ne puis garder :
Jusque dans l'Orient je veux qu'il la remeine.
Demain Rome avec lui verra partir la reine.
Elle en sera bientôt instruite par ma voix ;
Et je vais lui parler pour la dernière fois.

PAULIN

Je n'attendais pas moins de cet amour de gloire
Qui partout après vous attacha la victoire.
La Judée asservie et ses remparts fumants,
De cette noble ardeur éternels monuments,
Me répondaient assez que votre grand courage
Ne voudrait pas, Seigneur, détruire son ouvrage ;
Et qu'un héros vainqueur de tant de nations
Saurait bien, tôt ou tard, vaincre ses passions.

TITUS

Ah ! que sous de beaux noms cette gloire est cruelle !
Combien mes tristes yeux la trouveraient plus belle,
S'il ne fallait encor qu'affronter le trépas !
Que dis-je ? Cette ardeur que j'ai pour ses appas,
Bérénice en mon sein l'a jadis allumée.
Tu ne l'ignores pas : toujours la renommée
Avec le même éclat n'a pas semé mon nom ;
Ma jeunesse, nourrie à la cour de Néron,
S'égarait, cher Paulin, par l'exemple abusée,
Et suivait du plaisir la pente trop aisée.
Bérénice me plut. Que ne fait point un cœur
Pour plaire à ce qu'il aime et gagner son vainqueur ?

BÉRÉNICE

Je prodiguai mon sang ; tout fit place à mes armes.
Je revins triomphant. Mais le sang et les larmes
Ne me suffisaient pas pour mériter ses vœux.
J'entrepris le bonheur de mille malheureux.
On vit de toutes parts mes bontés se répandre :
Heureux, et plus heureux que tu ne peux comprendre,
Quand je pouvais paraître à ses yeux satisfaits
Chargé de mille cœurs conquis par mes bienfaits.
Je lui dois tout, Paulin. Récompense cruelle !
Tout ce que je lui dois va retomber sur elle.
Pour prix de tant de gloire et de tant de vertus,
Je lui dirai : « Partez, et ne me voyez plus. »

PAULIN

Hé quoi ! Seigneur, hé quoi ! cette magnificence
Qui va jusqu'à l'Euphrate étendre sa puissance,
Tant d'honneurs, dont l'excès a surpris le sénat,
Vous laissent-ils encor craindre le nom d'ingrat ?
Sur cent peuples nouveaux Bérénice commande.

TITUS

Faibles amusements[1] d'une douleur si grande !
Je connais Bérénice et ne sais que trop bien
Que son cœur n'a jamais demandé que le mien.
Je l'aimai, je lui plus. Depuis cette journée
(Dois-je dire funeste, hélas ! ou fortunée ?),
Sans avoir en aimant d'objet que son amour,

1. *amusements* : diversions.

Étrangère dans Rome, inconnue à la cour,
Elle passe ses jours, Paulin, sans rien prétendre
Que quelque heure à me voir et le reste à m'attendre.
Encor si quelquefois un peu moins assidu
Je passe le moment où je suis attendu,
Je la revois bientôt de pleurs toute trempée.
Ma main à les sécher est longtemps occupée.
Enfin tout ce qu'amour a de nœuds plus puissants,
Doux reproches, transports sans cesse renaissants,
Soin de plaire sans art[1], crainte toujours nouvelle,
Beauté, gloire, vertu, je trouve tout en elle.
Depuis cinq ans entiers chaque jour je la vois,
Et crois toujours la voir pour la première fois.
N'y songeons plus. Allons, cher Paulin : plus j'y pense,
Plus je sens chanceler ma cruelle constance.
Quelle nouvelle, ô ciel ! je lui vais annoncer !
Encore un coup, allons, il n'y faut plus penser.
Je connais mon devoir, c'est à moi de le suivre :
Je n'examine point si j'y pourrai survivre.

SCÈNE III

TITUS, PAULIN, RUTILE.

RUTILE

Bérénice, Seigneur, demande à vous parler.

---

1. *art* : artifice.

TITUS

Ah ! Paulin !

PAULIN

Quoi ! déjà vous semblez reculer ?
De vos nobles projets, Seigneur, qu'il vous souvienne :
Voici le temps.

TITUS

Hé bien, voyons-la. Qu'elle vienne.

SCÈNE IV

BÉRÉNICE, TITUS, PAULIN, PHÉNICE.

BÉRÉNICE

Ne vous offensez pas si mon zèle indiscret[1]
De votre solitude interrompt le secret.
Tandis qu'autour de moi votre cour assemblée
Retentit des bienfaits dont vous m'avez comblée,
Est-il juste, Seigneur, que seule en ce moment
Je demeure sans voix et sans ressentiment[2] !
Mais, Seigneur (car je sais que cet ami sincère
Du secret de nos cœurs connaît tout le mystère),
Votre deuil est fini, rien n'arrête vos pas,

---

1. *indiscret* : déplacé, qui manque de retenue. – 2. *ressentiment* : reconnaissance.

Vous êtes seul enfin, et ne me cherchez pas.
J'entends que vous m'offrez un nouveau diadème,
Et ne puis cependant vous entendre vous-même.
Hélas ! plus de repos, Seigneur, et moins d'éclat.
Votre amour ne peut-il paraître qu'au sénat ?
Ah ! Titus, car enfin l'amour fuit la contrainte
De tous ces noms que suit le respect et la crainte,
De quel soin votre amour va-t-il s'importuner ?
N'a-t-il que des États qu'il me puisse donner ?
Depuis quand croyez-vous que ma grandeur me touche ?
Un soupir, un regard, un mot de votre bouche,
Voilà l'ambition d'un cœur comme le mien.
Voyez-moi plus souvent, et ne me donnez rien.
Tous vos moments sont-ils dévoués à l'Empire ?
Ce cœur, après huit jours, n'a-t-il rien à me dire ?
Qu'un mot va rassurer mes timides esprits !
Mais parliez-vous de moi quand je vous ai surpris ?
Dans vos secrets discours étais-je intéressée[1],
Seigneur ? Étais-je au moins présente à la pensée ?

TITUS

N'en doutez point, Madame ; et j'atteste les dieux
Que toujours Bérénice est présente à mes yeux.
L'absence ni le temps, je vous le jure encore,
Ne vous peuvent ravir ce cœur qui vous adore.

1. *intéressée* : concernée.

BÉRÉNICE

Hé quoi ? vous me jurez une éternelle ardeur,
Et vous me la jurez avec cette froideur ?
Pourquoi même du ciel attester la puissance ?
Faut-il par des serments vaincre ma défiance ?
Mon cœur ne prétend point, Seigneur, vous démentir,
Et je vous en croirai sur un simple soupir.

TITUS

Madame...

BÉRÉNICE

Hé bien, Seigneur ? Mais quoi ! sans me [répondre
Vous détournez les yeux, et semblez vous confondre[1] !
Ne m'offrirez-vous plus qu'un visage interdit ?
Toujours la mort d'un père occupe votre esprit ?
Rien ne peut-il charmer l'ennui qui vous dévore ?

TITUS

Plût au ciel que mon père, hélas ! vécût encore !
Que je vivais heureux !

BÉRÉNICE

Seigneur, tous ces regrets
De votre piété sont de justes effets.

---

1. *confondre* : troubler.

Mais vos pleurs ont assez honoré sa mémoire :
Vous devez d'autres soins à Rome, à votre gloire :
De mon propre intérêt je n'ose vous parler.
Bérénice autrefois pouvait vous consoler :
Avec plus de plaisir vous m'avez écoutée.
De combien de malheurs pour vous persécutée,
Vous ai-je pour un mot sacrifié mes pleurs !
Vous regrettez un père. Hélas ! faibles douleurs !
Et moi (ce souvenir me fait frémir encore)
On voulait m'arracher de tout ce que j'adore ;
Moi, dont vous connaissez le trouble et le tourment
Quand vous ne me quittez que pour quelque moment ;
Moi, qui mourrais le jour qu'on voudrait m'interdire
De vous...

TITUS

Madame, hélas ! que me venez-vous dire ?
Quel temps choisissez-vous ? Ah ! de grâce, arrêtez.
C'est trop pour un ingrat prodiguer vos bontés.

BÉRÉNICE

Pour un ingrat, Seigneur ! Et le pouvez-vous être ?
Ainsi donc mes bontés vous fatiguent peut-être ?

TITUS

Non, Madame. Jamais, puisqu'il faut vous parler,
Mon cœur de plus de feux ne se sentit brûler.
Mais...

BÉRÉNICE

BÉRÉNICE

Achevez...

TITUS

Hélas !

BÉRÉNICE

Parlez.

TITUS

Rome... L'Empire...

BÉRÉNICE

Hé bien ?

TITUS

Sortons, Paulin : je ne lui puis rien dire.

SCÈNE V

BÉRÉNICE, PHÉNICE.

BÉRÉNICE

Quoi ! me quitter sitôt, et ne me dire rien ?
Chère Phénice, hélas ! quel funeste entretien !
Qu'ai-je fait ? Que veut-il ? Et que dit ce silence ?

PHÉNICE

Comme vous je me perds d'autant plus que j'y pense.
Mais ne s'offre-t-il rien à votre souvenir
Qui contre vous, Madame, ait pu le prévenir[1] ?
Voyez, examinez.

BÉRÉNICE

Hélas ! tu peux m'en croire,
Plus je veux du passé rappeler la mémoire,
Du jour que je le vis jusqu'à ce triste jour,
Plus je vois qu'on me peut reprocher trop d'amour.
Mais tu nous entendais. Il ne faut rien me taire :
Parle. N'ai-je rien dit qui lui puisse déplaire ?
Que sais-je ? J'ai peut-être avec trop de chaleur
Rabaissé ses présents ou blâmé sa douleur.
N'est-ce point que de Rome il redoute la haine ?
Il craint peut-être, il craint d'épouser une reine.
Hélas ! s'il était vrai... Mais non, il a cent fois
Rassuré mon amour contre leurs dures lois ;
Cent fois... Ah ! qu'il m'explique un silence si rude.
Je ne respire pas dans cette incertitude.
Moi, je vivrais, Phénice, et je pourrais penser
Qu'il me néglige, ou bien que j'ai pu l'offenser ?
Retournons sur ses pas. Mais quand je m'examine,
Je crois de ce désordre entrevoir l'origine,
Phénice : il aura su tout ce qui s'est passé ;
L'amour d'Antiochus l'a peut-être offensé.

---

1. *prévenir* : mal le disposer envers vous.

Il attend, m'a-t-on dit, le roi de Comagène ;
Ne cherchons point ailleurs le sujet de ma peine.
Sans doute ce chagrin[1] qui vient de m'alarmer
N'est qu'un léger soupçon facile à désarmer.
Je ne te vante point cette faible victoire[2],
Titus. Ah ! plût au ciel que, sans blesser ta gloire,
Un rival plus puissant voulût tenter ma foi
Et pût mettre à mes pieds plus d'empires que toi ;
Que de sceptres sans nombre il pût payer ma flamme ;
Que ton amour n'eût rien à donner que ton âme !
C'est alors, cher Titus, qu'aimé, victorieux,
Tu verrais de quel prix ton cœur est à mes yeux.
Allons, Phénice, un mot pourra le satisfaire.
Rassurons-nous, mon cœur, je puis encor lui plaire.
Je me comptais trop tôt au rang des malheureux.
Si Titus est jaloux, Titus est amoureux.

ACTE III

SCÈNE PREMIÈRE

TITUS, ANTIOCHUS, ARSACE.

TITUS

Quoi, Prince ? vous partiez ? Quelle raison subite

---

1. *chagrin* : mécontentement, malaise. – 2. *victoire* : la victoire qu'elle a remportée en repoussant Antiochus.

Presse votre départ, ou plutôt votre fuite?
Vouliez-vous me cacher jusques à vos adieux?
Est-ce comme ennemi que vous quittez ces lieux?
Que diront, avec moi, la cour, Rome, l'Empire?
Mais, comme votre ami, que ne puis-je point dire?
De quoi m'accusez-vous? Vous avais-je sans choix
Confondu jusqu'ici dans la foule des rois?
Mon cœur vous fut ouvert tant qu'a vécu mon père:
C'était le seul présent que je pouvais vous faire;
Et lorsque avec mon cœur ma main peut s'épancher[1],
Vous fuyez mes bienfaits tout prêts à vous chercher?
Pensez-vous, qu'oubliant ma fortune passée,
Sur ma seule grandeur j'arrête ma pensée,
Et que tous mes amis s'y présentent de loin
Comme autant d'inconnus dont je n'ai plus besoin?
Vous-même, à mes regards qui vouliez vous soustraire,
Prince, plus que jamais vous m'êtes nécessaire.

ANTIOCHUS

Moi, Seigneur?

TITUS

Vous.

ANTIOCHUS

Hélas! d'un prince malheureux
Que pouvez-vous, Seigneur, attendre que des vœux?

---

1. *s'épancher*: répandre (des bienfaits).

TITUS

Je n'ai pas oublié, Prince, que ma victoire
Devait à vos exploits la moitié de sa gloire,
Que Rome vit passer au nombre des vaincus
Plus d'un captif chargé des fers d'Antiochus ;
Que dans le Capitole elle voit attachées
Les dépouilles des Juifs par vos mains arrachées.
Je n'attends pas de vous de ces sanglants exploits,
Et je veux seulement emprunter votre voix.
Je sais que Bérénice, à vos soins redevable,
Croit posséder en vous un ami véritable :
Elle ne voit dans Rome et n'écoute que vous ;
Vous ne faites qu'un cœur et qu'une âme avec nous.
Au nom d'une amitié si constante et si belle,
Employez le pouvoir que vous avez sur elle :
Voyez-la de ma part.

ANTIOCHUS

Moi, paraître à ses yeux ?
La reine pour jamais a reçu mes adieux.

TITUS

Prince, il faut que pour moi vous lui parliez encore.

ANTIOCHUS

Ah ! parlez-lui, Seigneur. La reine vous adore.
Pourquoi vous dérober vous-même en ce moment
Le plaisir de lui faire un aveu si charmant ?

Elle l'attend, Seigneur, avec impatience.
Je réponds, en partant, de son obéissance ;
Et même elle m'a dit que, prêt à l'épouser,
Vous ne la verrez plus que pour l'y disposer.

TITUS

Ah ! qu'un aveu si doux aurait lieu de me plaire !
Que je serais heureux si j'avais à le faire !
Mes transports aujourd'hui s'attendaient d'éclater[1],
Cependant aujourd'hui, Prince, il faut la quitter.

ANTIOCHUS

La quitter ! Vous, Seigneur ?

TITUS

Telle est ma destinée,
Pour elle et pour Titus il n'est plus d'hyménée.
D'un espoir si charmant je me flattais en vain :
Prince, il faut avec vous qu'elle parte demain.

ANTIOCHUS

Qu'entends-je ? Ô ciel !

TITUS

Plaignez ma grandeur importune.
Maître de l'univers, je règle sa fortune ;

1. *éclater* : s'attendaient à paraître ouvertement.

Je puis faire les rois, je puis les déposer ;
Cependant de mon cœur je ne puis disposer ;
Rome, contre les rois de tout temps soulevée,
Dédaigne une beauté dans la pourpre[1] élevée :
L'éclat du diadème et cent rois pour aïeux
Déshonorent ma flamme et blessent tous les yeux.
Mon cœur, libre d'ailleurs[2], sans craindre les murmures[3],
Peut brûler à son choix dans des flammes obscures[4],
Et Rome avec plaisir recevrait de ma main
La moins digne beauté qu'elle cache en son sein.
Jules céda lui-même au torrent qui m'entraîne.
Si le peuple demain ne voit partir la reine,
Demain elle entendra ce peuple furieux
Me venir demander son départ à ses yeux.
Sauvons de cet affront mon nom et sa mémoire ;
Et, puisqu'il faut céder, cédons à notre gloire.
Ma bouche et mes regards, muets depuis huit jours,
L'auront pu préparer à ce triste discours :
Et même en ce moment, inquiète, empressée,
Elle veut qu'à ses yeux j'explique ma pensée.
D'un amant interdit soulagez le tourment :
Épargnez à mon cœur cet éclaircissement.
Allez, expliquez-lui mon trouble et mon silence ;
Surtout, qu'elle me laisse éviter sa présence :
Soyez le seul témoin de ses pleurs et des miens ;
Portez-lui mes adieux, et recevez les siens.
Fuyons tous deux, fuyons un spectacle funeste

1. *pourpre* : la pourpre royale. – 2. *d'ailleurs* : par ailleurs (c'est-à-dire, ici, pour toute autre femme). – 3. *murmures* : protestations voilées mais fermes. – 4. *obscures* : peut aimer des femmes très modestes.

Qui de notre constance accablerait le reste.
Si l'espoir de régner et de vivre en mon cœur
Peut de son infortune adoucir la rigueur,
Ah ! Prince ! jurez-lui que, toujours trop fidèle,
Gémissant dans ma cour, et plus exilé qu'elle,
Portant jusqu'au tombeau le nom de son amant,
Mon règne ne sera qu'un long bannissement,
Si le ciel, non content de me l'avoir ravie,
Veut encor m'affliger par une longue vie.
Vous, que l'amitié seule attache sur ses pas,
Prince, dans son malheur ne l'abandonnez pas.
Que l'Orient vous voie arriver à sa suite ;
Que ce soit un triomphe, et non pas une fuite ;
Qu'une amitié si belle ait d'éternels liens ;
Que mon nom soit toujours dans tous vos entretiens.
Pour rendre vos États plus voisins l'un de l'autre,
L'Euphrate bornera son empire et le vôtre.
Je sais que le sénat, tout plein de votre nom,
D'une commune voix confirmera ce don.
Je joins la Cilicie à votre Comagène.
Adieu. Ne quittez point ma princesse, ma reine,
Tout ce qui de mon cœur fut l'unique désir,
Tout ce que j'aimerai jusqu'au dernier soupir.

SCÈNE II

ANTIOCHUS, ARSACE.

ARSACE

Ainsi le ciel s'apprête à vous rendre justice :
Vous partirez, Seigneur, mais avec Bérénice.
Loin de vous la ravir, on va vous la livrer.

ANTIOCHUS

Arsace, laisse-moi le temps de respirer.
Ce changement est grand, ma surprise est extrême.
Titus entre mes mains remet tout ce qu'il aime !
Dois-je croire, grands dieux ! ce que je viens d'ouïr ?
Et quand je le croirais, dois-je m'en réjouir ?

ARSACE

Mais, moi-même, Seigneur, que faut-il que je croie ?
Quel obstacle nouveau s'oppose à votre joie ?
Me trompiez-vous tantôt au sortir de ces lieux,
Lorsque encor tout ému de vos derniers adieux,
Tremblant d'avoir osé s'expliquer devant elle,
Votre cœur me contait son audace nouvelle ?
Vous fuyiez un hymen qui vous faisait trembler.
Cet hymen est rompu : quel soin peut vous troubler ?
Suivez les doux transports où l'amour vous invite.

ANTIOCHUS

Arsace, je me vois chargé de sa conduite[1],
Je jouirai longtemps de ses chers entretiens,
Ses yeux même pourront s'accoutumer aux miens;
Et peut-être son cœur fera la différence
Des froideurs de Titus à ma persévérance.
Titus m'accable ici du poids de sa grandeur:
Tout disparaît dans Rome auprès de sa splendeur;
Mais, quoique l'Orient soit plein de sa mémoire,
Bérénice y verra des traces de ma gloire.

ARSACE

N'en doutez point, Seigneur, tout succède à vos vœux[2].

ANTIOCHUS

Ah! que nous nous plaisons à nous tromper tous deux!

ARSACE

Et pourquoi nous tromper?

ANTIOCHUS

Quoi! je lui pourrais plaire?
Bérénice à mes vœux ne serait plus contraire?
Bérénice d'un mot flatterait mes douleurs?
Penses-tu seulement que, parmi ses malheurs,

---

1. *conduite*: de la reconduire en son royaume. – 2. *vœux*: tout évolue favorablement à vos désirs.

BÉRÉNICE

Quand l'univers entier négligerait ses charmes
L'ingrate me permît de lui donner des larmes,
Ou qu'elle s'abaissât jusques à recevoir
Des soins qu'à mon amour elle croirait devoir?

ARSACE

Et qui peut mieux que vous consoler sa disgrâce?
Sa fortune, Seigneur, va prendre une autre face.
Titus la quitte.

ANTIOCHUS

Hélas! de ce grand changement
Il ne me reviendra que le nouveau tourment
D'apprendre par ses pleurs à quel point elle l'aime:
Je la verrai gémir; je la plaindrai moi-même.
Pour fruit de tant d'amour, j'aurai le triste emploi
De recueillir des pleurs qui ne sont pas pour moi.

ARSACE

Quoi? ne vous plairez-vous qu'à vous gêner[1] sans cesse?
Jamais dans un grand cœur vit-on plus de faiblesse?
Ouvrez les yeux, Seigneur, et songeons entre nous
Par combien de raisons Bérénice est à vous.
Puisque aujourd'hui Titus ne prétend plus lui plaire,
Songez que votre hymen lui devient nécessaire.

1. *gêner*: torturer.

ANTIOCHUS

Nécessaire !

ARSACE

À ses pleurs accordez quelques jours ;
De ses premiers sanglots laissez passer le cours :
Tout parlera pour vous, le dépit, la vengeance,
L'absence de Titus, le temps, votre présence,
Trois sceptres que son bras ne peut seul soutenir,
Vos deux États voisins qui cherchent à s'unir.
L'intérêt, la raison, l'amitié, tout vous lie.

ANTIOCHUS

Oui, je respire, Arsace, et tu me rends la vie :
J'accepte avec plaisir un présage si doux.
Que[1] tardons-nous ? Faisons ce qu'on attend de nous.
Entrons chez Bérénice ; et, puisqu'on nous l'ordonne,
Allons lui déclarer que Titus l'abandonne.
Mais plutôt demeurons. Que faisais-je ? Est-ce à moi,
Arsace, à me charger de ce cruel emploi ?
Soit vertu, soit amour, mon cœur s'en effarouche.
L'aimable Bérénice entendrait de ma bouche
Qu'on l'abandonne ! Ah ! Reine ! Et qui l'aurait pensé,
Que ce mot dût jamais vous être prononcé !

---

1. *que* : pourquoi.

ARSACE

La haine sur Titus tombera tout entière.
Seigneur, si vous parlez, ce n'est qu'à sa prière.

ANTIOCHUS

Non, ne la voyons point. Respectons sa douleur :
Assez d'autres viendront lui conter son malheur.
Et ne la crois-tu pas assez infortunée
D'apprendre à quel mépris Titus l'a condamnée,
Sans lui donner encor le déplaisir fatal[1]
D'apprendre ce mépris par son propre rival ?
Encore un coup, fuyons ; et par cette nouvelle
N'allons point nous charger d'une haine immortelle.

ARSACE

Ah ! la voici, Seigneur ; prenez votre parti.

ANTIOCHUS

Ô ciel !

1. *fatal* : voulu par le destin (et néfaste en l'occurrence).

SCÈNE III

BÉRÉNICE, ANTIOCHUS, ARSACE, PHÉNICE.

BÉRÉNICE

Hé quoi! Seigneur! vous n'êtes point parti?

ANTIOCHUS

Madame, je vois bien que vous êtes déçue,
Et que c'était César que cherchait votre vue.
Mais n'accusez que lui, si, malgré mes adieux,
De ma présence encor j'importune vos yeux.
Peut-être en ce moment je serais dans Ostie,
S'il ne m'eût de sa cour défendu la sortie.

BÉRÉNICE

Il vous cherche vous seul. Il nous évite tous.

ANTIOCHUS

Il ne m'a retenu que pour parler de vous.

BÉRÉNICE

De moi, Prince?

ANTIOCHUS

Oui, Madame.

BÉRÉNICE

Et qu'a-t-il pu vous dire ?

ANTIOCHUS

Mille autres mieux que moi pourront vous en instruire.

BÉRÉNICE

Quoi ! Seigneur...

ANTIOCHUS

Suspendez votre ressentiment.
D'autres, loin de se taire en ce même moment,
Triompheraient peut-être, et, pleins de confiance,
Céderaient avec joie à votre impatience ;
Mais moi, toujours tremblant, moi, vous le savez bien,
À qui votre repos est plus cher que le mien,
Pour ne le point troubler, j'aime mieux vous déplaire,
Et crains votre douleur plus que votre colère.
Avant la fin du jour vous me justifierez[1].
Adieu, Madame.

BÉRÉNICE

Ô ciel ! quel discours ! Demeurez,
Prince, c'est trop cacher mon trouble à votre vue :
Vous voyez devant vous une reine éperdue,
Qui, la mort dans le sein, vous demande deux mots.

---

1. *justifierez* : vous comprendrez mon attitude.

Vous craignez, dites-vous, de troubler mon repos ;
Et vos refus cruels, loin d'épargner ma peine,
Excitent ma douleur, ma colère, ma haine.
Seigneur, si mon repos vous est si précieux,
Si moi-même jamais je fus chère à vos yeux,
Éclaircissez le trouble où vous voyez mon âme.
Que vous a dit Titus ?

ANTIOCHUS

Au nom des dieux, Madame...

BÉRÉNICE

Quoi ! vous craignez si peu de me désobéir ?

ANTIOCHUS

Je n'ai qu'à vous parler pour me faire haïr.

BÉRÉNICE

Je veux que vous parliez.

ANTIOCHUS

Dieux ! quelle violence !
Madame, encore un coup, vous louerez mon silence.

BÉRÉNICE

Prince, dès ce moment contentez mes souhaits,
Ou soyez de ma haine assuré pour jamais.

BÉRÉNICE

ANTIOCHUS

Madame, après cela, je ne puis plus me taire.
Hé bien, vous le voulez, il faut vous satisfaire.
Mais ne vous flattez point : je vais vous annoncer
Peut-être des malheurs où[1] vous n'osez penser.
Je connais votre cœur : vous devez vous attendre
Que je le vais frapper par l'endroit le plus tendre.
Titus m'a commandé...

BÉRÉNICE

Quoi ?

ANTIOCHUS

De vous déclarer
Qu'à jamais l'un de l'autre il faut vous séparer.

BÉRÉNICE

Nous séparer ? Qui ? Moi ? Titus de Bérénice !

ANTIOCHUS

Il faut que devant vous je lui rende justice :
Tout ce que dans un cœur sensible et généreux[2]
L'amour au désespoir peut rassembler d'affreux,
Je l'ai vu dans le sien. Il pleure, il vous adore.
Mais enfin que lui sert de vous aimer encore ?

---

1. *où* : auxquels. – 2. *généreux* : noble.

Une reine est suspecte à l'Empire romain.
Il faut vous séparer, et vous partez demain.

BÉRÉNICE

Nous séparer ! Hélas ! Phénice !

PHÉNICE

Hé bien, Madame,
Il faut ici montrer la grandeur de votre âme.
Ce coup sans doute est rude, il doit vous étonner[1].

BÉRÉNICE

Après tant de serments, Titus m'abandonner !
Titus qui me jurait... Non, je ne le puis croire :
Il ne me quitte point, il y va de sa gloire.
Contre son innocence on veut me prévenir[2].
Ce piège n'est tendu que pour nous désunir.
Titus m'aime. Titus ne veut point que je meure.
Allons le voir : je veux lui parler tout à l'heure[3].
Allons.

ANTIOCHUS

Quoi ? vous pourriez ici me regarder...

---

1. *étonner* : frapper de stupeur. – 2. *prévenir* : me conduire à douter par avance de son innocence. – 3. *tout à l'heure* : immédiatement.

BÉRÉNICE

Vous le souhaitez trop pour me persuader.
Non, je ne vous crois point. Mais, quoi qu'il en puisse [être,
Pour jamais à mes yeux gardez-vous de paraître.
(À Phénice.)
Ne m'abandonne pas dans l'état où je suis.
Hélas ! pour me tromper je fais ce que je puis.

SCÈNE IV

ANTIOCHUS, ARSACE.

ANTIOCHUS

Ne me trompé-je point ? L'ai-je bien entendue ?
Que je me garde, moi, de paraître à sa vue ?
Je m'en garderai bien. Et ne partais-je pas,
Si Titus malgré moi n'eût arrêté mes pas ?
Sans doute il faut partir. Continuons, Arsace.
Elle croit m'affliger : sa haine me fait grâce[1].
Tu me voyais tantôt inquiet, égaré :
Je partais amoureux, jaloux, désespéré ;
Et maintenant, Arsace, après cette défense,
Je partirai peut-être avec indifférence.

---

1. *grâce* : m'est agréable.

ARSACE

Moins que jamais, Seigneur, il faut vous éloigner.

ANTIOCHUS

Moi ! je demeurerai pour me voir dédaigner ?
Des froideurs de Titus je serai responsable ?
Je me verrai puni parce qu'il est coupable ?
Avec quelle injustice et quelle indignité
Elle doute à mes yeux de ma sincérité !
Titus l'aime, dit-elle, et moi je l'ai trahie.
L'ingrate ! m'accuser de cette perfidie !
Et dans quel temps encor ? dans le moment fatal
Que[1] j'étale à ses yeux les pleurs de mon rival ;
Que pour la consoler je le faisais paraître
Amoureux et constant plus qu'il ne l'est peut-être.

ARSACE

Et de quel soin, Seigneur, vous allez-vous troubler ?
Laissez à ce torrent le temps de s'écouler :
Dans huit jours, dans un mois, n'importe, il faut qu'il [passe.
Demeurez seulement.

ANTIOCHUS

Non, je la quitte, Arsace.
Je sens qu'à sa douleur je pourrais compatir ;

---

1. *que* : où.

Ma gloire, mon repos, tout m'excite à partir.
Allons ; et de si loin évitons la cruelle,
Que de longtemps, Arsace, on ne nous parle d'elle.
Toutefois il nous reste encore assez de jour :
Je vais dans mon palais attendre ton retour.
Va voir si la douleur ne l'a point trop saisie.
Cours ; et partons du moins assurés de sa vie.

ACTE IV

SCÈNE PREMIÈRE

BÉRÉNICE, *seule.*

Phénice ne vient point ? Moments trop rigoureux,
Que vous paraissez lents à mes rapides vœux !
Je m'agite, je cours, languissante, abattue ;
La force m'abandonne, et le repos me tue.
Phénice ne vient point. Ah ! que cette longueur
D'un présage funeste épouvante mon cœur !
Phénice n'aura point de réponse à me rendre.
Titus, l'ingrat Titus n'a point voulu l'entendre ;
Il fuit, il se dérobe à ma juste fureur.

SCÈNE II

BÉRÉNICE, PHÉNICE.

BÉRÉNICE

Chère Phénice, hé bien ! as-tu vu l'empereur ?
Qu'a-t-il dit ? Viendra-t-il ?

PHÉNICE

Oui, je l'ai vu, Madame,
Et j'ai peint à ses yeux le trouble de votre âme.
J'ai vu couler des pleurs qu'il voulait retenir.

BÉRÉNICE

Vient-il ?

PHÉNICE

N'en doutez point, Madame, il va venir.
Mais voulez-vous paraître en ce désordre extrême ?
Remettez-vous, Madame, et rentrez en vous-même[1].
Laissez-moi relever ces voiles détachés,
Et ces cheveux épars dont vos yeux sont cachés.
Souffrez que de vos pleurs je répare l'outrage.

---

1. *même* : resaisissez-vous, redevenez vous-même.

BÉRÉNICE

Laisse, laisse, Phénice, il verra son ouvrage.
Et que m'importe, hélas ! de ces vains ornements ?
Si ma foi, si mes pleurs, si mes gémissements,
Mais que dis-je, mes pleurs ? si ma perte certaine,
Si ma mort toute prête enfin ne le ramène,
Dis-moi, que produiront tes secours superflus,
Et tout ce faible éclat[1] qui ne le touche plus ?

PHÉNICE

Pourquoi lui faites-vous cet injuste reproche ?
J'entends du bruit, Madame, et l'empereur s'approche.
Venez, fuyez la foule, et rentrons promptement :
Vous l'entretiendrez seul dans votre appartement.

SCÈNE III

TITUS, PAULIN, SUITE.

TITUS

De la reine, Paulin, flattez l'inquiétude :
Je vais la voir. Je veux un peu de solitude.
Que l'on me laisse.

PAULIN

Ô ciel ! que je crains ce combat !

---

1. *éclat* : beauté.

Grands dieux, sauvez sa gloire et l'honneur de l'État !
Voyons la reine.

SCÈNE IV

TITUS, *seul.*

Hé bien, Titus, que viens-tu faire ?
Bérénice t'attend. Où viens-tu, téméraire ?
Tes adieux sont-ils prêts ? T'es-tu bien consulté ?
Ton cœur te promet-il assez de cruauté ?
Car enfin au combat qui pour toi se prépare
C'est peu d'être constant[1], il faut être barbare.
Soutiendrai-je ces yeux dont la douce langueur
Sait si bien découvrir les chemins de mon cœur ?
Quand je verrai ces yeux armés de tous leurs charmes,
Attachés sur les miens, m'accabler de leurs larmes,
Me souviendrai-je alors de mon triste devoir ?
Pourrai-je dire enfin : « Je ne veux plus vous voir » ?
Je viens percer un cœur qui m'adore, qui m'aime.
Et pourquoi le percer ? Qui l'ordonne ? Moi-même ;
Car enfin Rome a-t-elle expliqué ses souhaits ?
L'entendons-nous crier autour de ce palais ?
Vois-je l'État penchant au bord du précipice ?
Ne le puis-je sauver que par ce sacrifice ?
Tout se tait ; et moi seul, trop prompt à me troubler,
J'avance des malheurs que je puis reculer.
Et qui sait si, sensible aux vertus de la reine,

---

1. *constant* : faire preuve de constance, s'en tenir à la décision prise.

Rome ne voudra point l'avouer[1] pour Romaine ?
Rome peut par son choix justifier le mien.
Non, non, encore un coup, ne précipitons rien.
Que Rome avec ses lois mette dans la balance
Tant de pleurs, tant d'amour, tant de persévérance :
Rome sera pour nous. Titus, ouvre les yeux !
Quel air respires-tu ? N'es-tu pas dans ces lieux
Où la haine des rois, avec le lait sucée,
Par crainte ou par amour ne peut être effacée ?
Rome jugea ta reine en condamnant ses rois.
N'as-tu pas en naissant entendu cette voix ?
Et n'as-tu pas encore ouï la renommée
T'annoncer ton devoir jusque dans ton armée ?
Et lorsque Bérénice arriva sur tes pas,
Ce que Rome en jugeait, ne l'entendis-tu pas ?
Faut-il donc tant de fois te le faire redire ?
Ah ! lâche ! fais l'amour[2], et renonce à l'empire.
Au bout de l'univers va, cours te confiner,
Et fais place à des cœurs plus dignes de régner.
Sont-ce là ces projets de grandeur et de gloire
Qui devaient dans les cœurs consacrer ma mémoire ?
Depuis huit jours je règne, et jusques à ce jour,
Qu'ai-je fait pour l'honneur ? J'ai tout fait pour l'amour.
D'un temps si précieux quel compte puis-je rendre ?
Où sont ces heureux jours que je faisais attendre ?
Quels pleurs ai-je séchés ? Dans quels yeux satisfaits
Ai-je déjà goûté le fruit de mes bienfaits ?
L'univers a-t-il vu changer ses destinées ?

---

1. *avouer* : la reconnaître. – 2. *amour* : fais ta cour, parle d'amour.

Sais-je combien le ciel m'a compté de journées[1] ?
Et de ce peu de jours si longtemps attendus,
Ah ! malheureux, combien j'en ai déjà perdus !
Ne tardons plus : faisons ce que l'honneur exige :
Rompons le seul lien...

SCÈNE V

BÉRÉNICE, TITUS.

BÉRÉNICE, *en sortant.*

Non, laissez-moi, vous dis-je.
En vain tous vos conseils me retiennent ici !
Il faut que je le voie[2]. Ah ! Seigneur ! vous voici.
Hé bien, il est donc vrai que Titus m'abandonne ?
Il faut nous séparer ; et c'est lui qui l'ordonne.

TITUS

N'accablez point, Madame, un prince malheureux,
Il ne faut point ici nous attendrir tous deux.
Un trouble assez cruel m'agite et me dévore,
Sans que des pleurs si chers me déchirent encore.
Rappelez bien plutôt ce cœur qui tant de fois
M'a fait de mon devoir reconnaître la voix.
Il en est temps. Forcez votre amour à se taire ;
Et d'un œil que la gloire et la raison éclaire

---

1. *journée* : combien j'ai de jours encore à vivre ? – 2. *voie* : Bérénice s'adresse à Phénice (hors scène) avant de voir Titus.

Contemplez mon devoir dans toute sa rigueur.
Vous-même contre vous fortifiez mon cœur ;
Aidez-moi, s'il se peut, à vaincre sa faiblesse,
À retenir des pleurs qui m'échappent sans cesse ;
Ou, si nous ne pouvons commander à nos pleurs,
Que la gloire du moins soutienne nos douleurs ;
Et que tout l'univers reconnaisse sans peine
Les pleurs d'un empereur et les pleurs d'une reine.
Car enfin, ma princesse, il faut nous séparer.

BÉRÉNICE

Ah ! cruel ! est-il temps de me le déclarer ?
Qu'avez-vous fait ? Hélas ! je me suis crue aimée.
Au plaisir de vous voir mon âme accoutumée
Ne vit plus que pour vous. Ignoriez-vous vos lois,
Quand je vous l'avouai pour la première fois ?
À quel excès d'amour m'avez-vous amenée !
Que ne me disiez-vous : « Princesse infortunée,
Où vas-tu t'engager, et quel est ton espoir ?
Ne donne point un cœur qu'on ne peut recevoir. »
Ne l'avez-vous reçu, cruel, que pour le rendre,
Quand de vos seules mains ce cœur voudrait dépendre ?
Tout l'Empire a vingt fois conspiré contre nous.
Il était temps encor : que[1] ne me quittiez-vous ?
Mille raisons alors consolaient ma misère[2] :
Je pouvais de ma mort accuser votre père,
Le peuple, le sénat, tout l'Empire romain,
Tout l'univers, plutôt qu'une si chère main.

---

1. *que* : pourquoi. – 2. *misère* : auraient pu consoler mon malheur.

Leur haine, dès longtemps contre moi déclarée,
M'avait à mon malheur dès longtemps préparée.
Je n'aurais pas, Seigneur, reçu ce coup cruel
Dans le temps que j'espère un bonheur immortel,
Quand votre heureux amour peut tout ce qu'il désire,
Lorsque Rome se tait, quand votre père expire,
Lorsque tout l'univers fléchit à vos genoux,
Enfin quand je n'ai plus à redouter que vous.

TITUS

Et c'est moi seul aussi qui pouvais me détruire.
Je pouvais vivre alors et me laisser séduire[1].
Mon cœur se gardait bien d'aller dans l'avenir
Chercher ce qui pouvait un jour nous désunir.
Je voulais qu'à mes vœux rien ne fût invincible,
Je n'examinais rien, j'espérais l'impossible.
Que sais-je ? J'espérais de mourir à vos yeux
Avant que d'en venir à ces cruels adieux.
Les obstacles semblaient renouveler ma flamme.
Tout l'Empire parlait. Mais la gloire, Madame,
Ne s'était point encor fait entendre à mon cœur
Du ton dont elle parle au cœur d'un empereur.
Je sais tous les tourments où ce dessein me livre ;
Je sens bien que sans vous je ne saurais plus vivre,
Que mon cœur de moi-même est prêt à s'éloigner ;
Mais il ne s'agit plus de vivre il faut régner.

---

1. *séduire* : me laisser détourner du droit chemin (en m'abandonnant à l'amour).

BÉRÉNICE

Hé bien ! régnez, cruel ; contentez votre gloire :
Je ne dispute[1] plus. J'attendais, pour vous croire,
Que cette même bouche, après mille serments
D'un amour qui devait unir tous nos moments,
Cette bouche, à mes yeux s'avouant infidèle,
M'ordonnât elle-même une absence éternelle.
Moi-même j'ai voulu vous entendre en ce lieu.
Je n'écoute plus rien, et pour jamais, adieu.
Pour jamais ! Ah ! Seigneur, songez-vous en vous-même
Combien ce mot cruel est affreux quand on aime ?
Dans un mois, dans un an, comment souffrirons-nous,
Seigneur, que tant de mers me séparent de vous ?
Que le jour recommence et que le jour finisse
Sans que jamais Titus puisse voir Bérénice,
Sans que de tout le jour je puisse voir Titus ?
Mais quelle est mon erreur, et que de soins perdus !
L'ingrat, de mon départ consolé par avance,
Daignera-t-il compter les jours de mon absence ?
Ces jours si longs pour moi lui sembleront trop courts.

TITUS

Je n'aurai pas, Madame, à compter tant de jours.
J'espère que bientôt la triste renommée
Vous fera confesser que vous étiez aimée.
Vous verrez que Titus n'a pu sans expirer...

---

1. *dispute* : discute.

BÉRÉNICE

Ah ! Seigneur, s'il est vrai, pourquoi nous séparer ?
Je ne vous parle point d'un heureux hyménée :
Rome à ne vous plus voir m'a-t-elle condamnée ?
Pourquoi m'enviez-vous[1] l'air que vous respirez ?

TITUS

Hélas ! vous pouvez tout, Madame. Demeurez :
Je n'y résiste point. Mais je sens ma faiblesse.
Il faudra vous combattre et vous craindre sans cesse,
Et sans cesse veiller à retenir mes pas,
Que vers vous à toute heure entraînent vos appas.
Que dis-je ? En ce moment mon cœur, hors de lui-
[même,
S'oublie, et se souvient seulement qu'il vous aime.

BÉRÉNICE

Hé bien, Seigneur, hé bien, qu'en peut-il arriver ?
Voyez-vous les Romains prêts à se soulever ?

TITUS

Et qui sait de quel œil ils prendront cette injure ?
S'ils parlent, si les cris succèdent au murmure,
Faudra-t-il par le sang justifier mon choix ?
S'ils se taisent, Madame, et me vendent leurs lois,
À quoi m'exposez-vous ? Par quelle complaisance

---

1. *m'enviez-vous* : me refusez-vous.

Faudra-t-il quelque jour payer leur patience ?
Que n'oseront-ils point alors me demander ?
Maintiendrai-je des lois que je ne puis garder[1] ?

BÉRÉNICE

Vous ne comptez pour rien les pleurs de Bérénice.

TITUS

Je les compte pour rien ? Ah ! ciel ! quelle injustice !

BÉRÉNICE

Quoi ? pour d'injustes lois que vous pouvez changer,
En d'éternels chagrins vous-même vous plonger ?
Rome a ses droits, Seigneur : n'avez-vous pas les vôtres ?
Ses intérêts sont-ils plus sacrés que les nôtres ?
Dites, parlez.

TITUS

Hélas ! Que vous me déchirez !

BÉRÉNICE

Vous êtes empereur, Seigneur, et vous pleurez !

TITUS

Oui, Madame, il est vrai, je pleure, je soupire,

---

1. *garder* : respecter moi-même.

Je frémis. Mais enfin, quand j'acceptai l'empire,
Rome me fit jurer de maintenir ses droits :
Il les faut maintenir. Déjà plus d'une fois
Rome a de mes pareils exercé[1] la constance.
Ah ! si vous remontiez jusques à sa naissance,
Vous les verriez toujours à ses ordres soumis.
L'un, jaloux de sa foi, va chez les ennemis
Chercher avec la mort la peine toute prête ;
D'un fils victorieux l'autre proscrit la tête ;
L'autre[2], avec des yeux secs et presque indifférents,
Voit mourir ses deux fils, par son ordre expirants.
Malheureux ! Mais toujours la patrie et la gloire
Ont parmi les Romains remporté la victoire.
Je sais qu'en vous quittant le malheureux Titus
Passe l'austérité de toutes leurs vertus ;
Qu'elle n'approche point de cet effort insigne ;
Mais, Madame, après tout, me croyez-vous indigne
De laisser un exemple à la postérité
Qui sans de grands efforts ne puisse être imité ?

BÉRÉNICE

Non, je crois tout facile à votre barbarie.
Je vous crois digne, ingrat, de m'arracher la vie.
De tous vos sentiments mon cœur est éclairci.
Je ne vous parle plus de me laisser ici.
Qui ? moi ? j'aurais voulu, honteuse et méprisée

---

1. *exercé* : mis à l'épreuve. – 2. *l'autre* : allusion à des héros de l'histoire romaine : Régulus, Manlius, Torquatus, et, pour finir, le premier Brutus.

D'un peuple qui me hait soutenir la risée?
J'ai voulu vous pousser jusques à ce refus.
C'en est fait, et bientôt vous ne me craindrez plus.
N'attendez pas ici que j'éclate en injures,
Que j'atteste le ciel ennemi des parjures.
Non, si le ciel encore est touché de mes pleurs,
Je le prie en mourant d'oublier mes douleurs.
Si je forme des vœux contre votre injustice,
Si devant que[1] mourir la triste Bérénice
Vous veut de son trépas laisser quelque vengeur,
Je ne le cherche, ingrat, qu'au fond de votre cœur.
Je sais que tant d'amour[2] n'en peut être effacée;
Que ma douleur présente et ma bonté passée,
Mon sang, qu'en ce palais je veux même verser,
Sont autant d'ennemis que je vais vous laisser:
Et, sans me repentir de ma persévérance,
Je me remets sur eux de toute ma vengeance.
Adieu.

SCÈNE VI

TITUS, PAULIN.

PAULIN

Dans quel dessein vient-elle de sortir,
Seigneur? Est-elle enfin disposée à partir?

---

1. *devant que*: avant de. – 2. *amour*: souvent féminin au XVIIe siècle.

TITUS

Paulin, je suis perdu, je n'y pourrai survivre.
La reine veut mourir. Allons, il faut la suivre.
Courons à son secours.

PAULIN

Hé quoi ! n'avez-vous pas
Ordonné dès tantôt qu'on observe ses pas ?
Ses femmes, à toute heure autour d'elle empressées,
Sauront la détourner de ces tristes pensées.
Non, non, ne craignez rien. Voilà les plus grands coups,
Seigneur : continuez, la victoire est à vous.
Je sais que sans pitié vous n'avez pu l'entendre ;
Moi-même en la voyant je n'ai pu m'en défendre.
Mais regardez plus loin. Songez, en ce malheur,
Quelle gloire va suivre un moment de douleur,
Quels applaudissements l'univers vous prépare,
Quel rang dans l'avenir.

TITUS

Non, je suis un barbare.
Moi-même je me hais. Néron, tant détesté,
N'a point à cet excès poussé sa cruauté.
Je ne souffrirai point que Bérénice expire.
Allons, Rome en dira ce qu'elle en voudra dire.

PAULIN

Quoi ! Seigneur !

TITUS

Je ne sais, Paulin, ce que je dis.
L'excès de la douleur accable mes esprits.

PAULIN

Ne troublez point le cours de votre renommée :
Déjà de vos adieux la nouvelle est semée.
Rome, qui gémissait, triomphe avec raison ;
Tous les temples ouverts fument en votre nom,
Et le peuple, élevant vos vertus jusqu'aux nues,
Va partout de lauriers couronner vos statues.

TITUS

Ah ! Rome ! Ah ! Bérénice ! Ah ! prince malheureux !
Pourquoi suis-je empereur ? Pourquoi suis-je amoureux ?

SCÈNE VII

TITUS, ANTIOCHUS, PAULIN, ARSACE.

ANTIOCHUS

Qu'avez-vous fait, Seigneur ? l'aimable Bérénice
Va peut-être expirer dans les bras de Phénice.
Elle n'entend ni pleurs, ni conseils, ni raison ;
Elle implore à grands cris le fer et le poison.
Vous seul vous lui pouvez arracher cette envie :
On vous nomme, et ce nom la rappelle à la vie.
Ses yeux, toujours tournés vers votre appartement,

Semblent vous demander de moment en moment.
Je n'y puis résister, ce spectacle me tue.
Que tardez-vous ? Allez vous montrer à sa vue.
Sauvez tant de vertus, de grâces, de beauté,
Ou renoncez, Seigneur, à toute humanité.
Dites un mot.

TITUS

Hélas ! quel mot puis-je lui dire ?
Moi-même en ce moment sais-je si je respire ?

SCÈNE VIII

TITUS, ANTIOCHUS, PAULIN, ARSACE, RUTILE.

RUTILE

Seigneur, tous les tribuns, les consuls, le sénat,
Viennent vous demander au nom de tout l'État.
Un grand peuple les suit, qui, plein d'impatience,
Dans votre appartement attend votre présence.

TITUS

Je vous entends[1], grands dieux ! Vous voulez rassurer
Ce cœur que vous voyez tout prêt à s'égarer.

---

1. *entends* : comprends.

PAULIN

Venez, Seigneur, passons dans la chambre prochaine :
Allons voir le sénat.

ANTIOCHUS

Ah ! courez chez la reine.

PAULIN

Quoi ! vous pourriez, Seigneur, par cette indignité,
De l'empire à vos pieds fouler la majesté ?
Rome...

TITUS

Il suffit, Paulin, nous allons les entendre.
(À Antiochus.)
Prince, de ce devoir je ne puis me défendre.
Voyez la reine. Allez. J'espère à mon retour
Qu'elle ne pourra plus douter de mon amour.

SCÈNE IX[1]

ANTIOCHUS, ARSACE.

ANTIOCHUS

Arsace, que dis-tu de toute ma conduite ?

---

1. Cette scène (pages 104-105) a été supprimée dès la deuxième édition de *Bérénice* (1697).

Rien ne pouvait tantôt s'opposer à ma fuite,
Bérénice et Titus offensaient mes regards :
Je partais pour jamais. Voilà comme je pars.
Je rentre, et dans les pleurs je retrouve la reine.
J'oublie en même temps ma vengeance et sa haine ;
Je m'attendris aux pleurs qu'un rival fait couler ;
Moi-même à son secours je le viens appeler,
Et, si sa diligence eût secondé mon zèle.
J'allais, victorieux, le conduire auprès d'elle.
Malheureux que je suis ! avec quelle chaleur
J'ai travaillé sans cesse à mon propre malheur !
C'en est trop. De Titus porte-lui les promesses,
Arsace. Je rougis de toutes mes faiblesses.
Désespéré ; confus, à moi-même odieux,
Laisse-moi ; je me veux cacher même à tes yeux.

ACTE V

SCÈNE PREMIÈRE

ARSACE, *seul.*

Où pourrai-je trouver ce prince trop fidèle ?
Ciel, conduisez mes pas, et secondez mon zèle.
Faites qu'en ce moment je lui puisse annoncer
Un bonheur où peut-être il n'ose plus penser.

SCÈNE II

ANTIOCHUS, ARSACE.

ARSACE

Ah ! quel heureux destin en ces lieux vous renvoie,
Seigneur ?

ANTIOCHUS

Si mon retour t'apporte quelque joie,
Arsace, rends-en grâce à mon seul désespoir.

ARSACE

La reine part, Seigneur.

ANTIOCHUS

Elle part ?

ARSACE

Dès ce soir.
Ses ordres sont donnés. Elle s'est offensée
Que Titus à ses pleurs l'ait si longtemps laissée.
Un généreux dépit succède à sa fureur :
Bérénice renonce à Rome, à l'empereur,
Et même veut partir avant que Rome instruite
Puisse voir son désordre et jouir de sa fuite.
Elle écrit à César.

ANTIOCHUS

Ô ciel! qui l'aurait cru?
Et Titus?

ARSACE

À ses yeux Titus n'a point paru.
Le peuple avec transport l'arrête et l'environne,
Applaudissant aux noms que le sénat lui donne;
Et ces noms, ces respects, ces applaudissements
Deviennent pour Titus autant d'engagements
Qui le liant, Seigneur, d'une honorable chaîne,
Malgré tous ses soupirs et les pleurs de la reine,
Fixent dans son devoir ses vœux irrésolus.
C'en est fait, et peut-être il ne la verra plus.

ANTIOCHUS

Que de sujets d'espoirs, Arsace, je l'avoue!
Mais d'un soin si cruel la fortune me joue[1],
J'ai vu tous mes projets tant de fois démentis
Que j'écoute en tremblant tout ce que tu me dis;
Et mon cœur, prévenu d'une crainte importune,
Croit, même en espérant, irriter la fortune.
Mais que vois-je? Titus porte vers nous ses pas.
Que veut-il?

1. *joue*: se joue de moi.

SCÈNE III

TITUS, ANTIOCHUS, ARSACE.

TITUS, *en entrant.*

Demeurez : qu'on ne me suive pas[1].
Enfin, Prince, je viens dégager ma promesse.
Bérénice m'occupe et m'afflige sans cesse.
Je viens, le cœur percé de vos pleurs et des siens,
Calmer des déplaisirs moins cruels que les miens.
Venez, Prince, venez. Je veux bien que vous-même
Pour la dernière fois vous voyez si je l'aime.
(Il passe dans l'appartement de Bérénice.)

SCÈNE IV

ANTIOCHUS, ARSACE.

ANTIOCHUS

Hé bien ! voilà l'espoir que tu m'avais rendu ;
Et tu vois le triomphe où j'étais attendu.
Bérénice partait justement irritée !
Pour ne la plus revoir, Titus l'avait quittée !
Qu'ai-je donc fait, grands dieux ? Quel cours infortuné
À ma funeste vie aviez-vous destiné ?
Tous mes moments ne sont qu'un éternel passage

1. *pas* : Titus s'adresse à sa suite (hors scène).

De la crainte à l'espoir, de l'espoir à la rage.
Et je respire encor ? Bérénice ! Titus !
Dieux cruels ! de mes pleurs vous ne vous rirez plus.
(Il sort.)

SCÈNE V

TITUS, BÉRÉNICE, PHÉNICE.

BÉRÉNICE

Non, je n'écoute rien. Me voilà résolue :
Je veux partir. Pourquoi vous montrer à ma vue ?
Pourquoi venir encore aigrir mon désespoir ?
N'êtes-vous pas content ? Je ne veux plus vous voir.

TITUS

Mais, de grâce, écoutez.

BÉRÉNICE

Il n'est plus temps.

TITUS

Madame,

Un mot.

BÉRÉNICE

Non.

BÉRÉNICE

TITUS

Dans quel trouble elle jette mon âme !
Ma princesse, d'où vient ce changement soudain ?

BÉRÉNICE

C'en est fait. Vous voulez que je parte demain ;
Et moi j'ai résolu de partir tout à l'heure ;
Et je pars.

TITUS

Demeurez.

BÉRÉNICE

Ingrat, que je demeure !
Et pourquoi ? Pour entendre un peuple injurieux
Qui fait de mon malheur retentir tous ces lieux ?
Ne l'entendez-vous pas, cette cruelle joie,
Tandis que dans les pleurs moi seule je me noie ?
Quel crime, quelle offense a pu les animer ?
Hélas ! et qu'ai-je fait que de vous trop aimer ?

TITUS

Écoutez-vous, Madame, une foule insensée ?

BÉRÉNICE

Je ne vois rien ici dont je ne sois blessée.
Tout cet appartement préparé par vos soins,

Ces lieux, de mon amour si longtemps les témoins,
Qui semblaient pour jamais me répondre du vôtre,
Ces festons, où nos noms enlacés l'un dans l'autre
À mes tristes regards viennent partout s'offrir,
Sont autant d'imposteurs que je ne puis souffrir.
Allons, Phénice.

TITUS

Ô ciel ! que vous êtes injuste !

BÉRÉNICE

Retournez, retournez vers ce sénat auguste
Qui vient vous applaudir de votre cruauté.
Hé bien, avec plaisir l'avez-vous écouté ?
Êtes-vous pleinement content de votre gloire ?
Avez-vous bien promis d'oublier ma mémoire ?
Mais ce n'est pas assez expier vos amours :
Avez-vous bien promis de me haïr toujours ?

TITUS

Non, je n'ai rien promis. Moi, que je vous haïsse !
Que je puisse jamais oublier Bérénice !
Ah ! dieux ! dans quel moment son injuste rigueur
De ce cruel soupçon vient affliger mon cœur !
Connaissez-moi, Madame, et depuis cinq années,
Comptez tous les moments et toutes les journées
Où par plus de transports et par plus de soupirs
Je vous ai de mon cœur exprimé les désirs :
Ce jour surpasse tout. Jamais, je le confesse,

BÉRÉNICE

Vous ne fûtes aimée avec tant de tendresse ;
Et jamais...

BÉRÉNICE

Vous m'aimez, vous me le soutenez,
Et cependant je pars, et vous me l'ordonnez !
Quoi ! dans mon désespoir trouvez-vous tant de
[charmes ?
Craignez-vous que mes yeux versent trop peu de
[larmes ?
Que me sert de ce cœur l'inutile retour ?
Ah ! cruel ! par pitié montrez-moi moins d'amour.
Ne me rappelez point une trop chère idée,
Et laissez-moi du moins partir persuadée
Que déjà de votre âme exilée en secret,
J'abandonne un ingrat qui me perd sans regret.
(Il lit une lettre.)
Vous m'avez arraché ce que je viens d'écrire.
Voilà de votre amour tout ce que je désire.
Lisez, ingrat, lisez, et me laissez sortir.

TITUS

Vous ne sortirez point, je n'y puis consentir.
Quoi ? ce départ n'est donc qu'un cruel stratagème ?
Vous cherchez à mourir ? Et de tout ce que j'aime
Il ne restera plus qu'un triste souvenir ?
Qu'on cherche Antiochus, qu'on le fasse venir.
(Bérénice se laisse tomber sur un siège.)

SCÈNE VI

TITUS, BÉRÉNICE.

TITUS

Madame, il faut vous faire un aveu véritable.
Lorsque j'envisageai le moment redoutable
Où, pressé par les lois d'un austère devoir,
Il fallait pour jamais renoncer à vous voir ;
Quand de ce triste adieu je prévis les approches,
Mes craintes, mes combats, vos larmes, vos reproches,
Je préparai mon âme à toutes les douleurs
Que peut faire sentir le plus grand des malheurs.
Mais, quoi que je craignisse, il faut que je le die[1],
Je n'en avais prévu que la moindre partie ;
Je croyais ma vertu moins prête à succomber
Et j'ai honte du trouble où je la vois tomber.
J'ai vu devant mes yeux Rome entière assemblée ;
Le sénat m'a parlé ; mais mon âme accablée
Écoutait sans entendre, et ne leur a laissé
Pour prix de leurs transports qu'un silence glacé.
Rome de votre sort est encore incertaine :
Moi-même à tous moments je me souviens à peine
Si je suis empereur ou si je suis Romain[2].
Je suis venu vers vous sans savoir mon dessein.
Mon amour m'entraînait ; et je venais peut-être

---

1. *die* : dise. – 2. *Romain* : si je suis un simple citoyen soumis aux lois de Rome.

Pour me chercher moi-même, et pour me reconnaître.
Qu'ai-je trouvé ? Je vois la mort peinte en vos yeux ;
Je vois, pour la chercher, que vous quittez ces lieux :
C'en est trop. Ma douleur, à cette triste vue,
À son dernier excès est enfin parvenue.
Je ressens tous les maux que je puis ressentir ;
Mais je vois le chemin par où j'en puis sortir.
Ne vous attendez point que las de tant d'alarmes,
Par un heureux hymen je tarisse vos larmes.
En quelque extrémité que vous m'ayez réduit,
Ma gloire inexorable à toute heure me suit ;
Sans cesse elle présente à mon âme étonnée
L'empire incompatible avec votre hyménée,
Me dit qu'après l'éclat et les pas que j'ai faits[1],
Je dois vous épouser encor moins que jamais.
Oui, Madame ; et je dois moins encore vous dire
Que je suis prêt pour vous d'abandonner l'empire,
De vous suivre, et d'aller trop content de mes fers[2],
Soupirer avec vous au bout de l'univers.
Vous-même rougiriez de ma lâche conduite :
Vous verriez à regret marcher à votre suite
Un indigne empereur, sans empire, sans cour.
Vil spectacle aux humains des faiblesses d'amour.
Pour sortir des tourments dont mon âme est la proie,
Il est, vous le savez, une plus noble voie.
Je me suis vu, Madame, enseigner ce chemin
Et par plus d'un héros et par plus d'un Romain :

---

1. *faits* : après le début éclatant de mon règne. – 2. *fers* : des chaînes de l'amour.

Lorsque trop de malheurs ont lassé leur constance,
Ils ont tous expliqué cette persévérance
Dont le sort s'attachait à les persécuter,
Comme un ordre secret de ne plus résister.
Si vos pleurs plus longtemps viennent frapper ma vue,
Si toujours à mourir je vous vois résolue,
S'il faut qu'à tous moments je tremble pour vos jours,
Si vous ne me jurez d'en respecter le cours,
Madame, à d'autres pleurs vous devez vous attendre.
En l'état où je suis je puis tout entreprendre,
Et je ne réponds pas que ma main à vos yeux
N'ensanglante à la fin nos funestes adieux.

BÉRÉNICE

Hélas !

TITUS

Non, il n'est rien dont je ne sois capable.
Vous voilà de mes jours maintenant responsable.
Songez-y bien, Madame. Et si je vous suis cher...

SCÈNE VII

TITUS, BÉRÉNICE, ANTIOCHUS.

TITUS

Venez, Prince, venez, je vous ai fait chercher.
Soyez ici témoin de toute ma faiblesse ;

Voyez si c'est aimer avec peu de tendresse :
Jugez-nous.

ANTIOCHUS

Je crois tout : je vous connais tous deux.
Mais connaissez vous-même un prince malheureux.
Vous m'avez honoré, Seigneur, de votre estime ;
Et moi, je puis ici vous le jurer sans crime,
À vos plus chers amis j'ai disputé ce rang :
Je l'ai disputé même aux dépens de mon sang.
Vous m'avez, malgré moi, confié l'un et l'autre,
La reine son amour, et vous, Seigneur, le vôtre.
La reine, qui m'entend, peut me désavouer :
Elle m'a vu toujours, ardent à vous louer,
Répondre par mes soins à votre confidence[1].
Vous croyez m'en devoir quelque reconnaissance ;
Mais le pourriez-vous croire en ce moment fatal,
Qu'un ami si fidèle était votre rival ?

TITUS

Mon rival !

ANTIOCHUS

Il est temps que je vous éclaircisse.
Oui, Seigneur, j'ai toujours adoré Bérénice.
Pour ne la plus aimer, j'ai cent fois combattu.
Je n'ai pu l'oublier ; au moins je me suis tu.

---

1. *confidence* : confiance.

De votre changement la flatteuse apparence
M'avait rendu tantôt quelque faible espérance.
Les larmes de la reine ont éteint cet espoir :
Ses yeux, baignés de pleurs, demandaient à vous voir.
Je suis venu, Seigneur, vous appeler moi-même ;
Vous êtes revenu. Vous aimez, on vous aime ;
Vous vous êtes rendu : je n'en ai point douté.
Pour la dernière fois je me suis consulté ;
J'ai fait de mon courage une épreuve dernière ;
Je viens de rappeler ma raison tout entière :
Jamais je ne me suis senti plus amoureux.
Il faut d'autres efforts pour rompre tant de nœuds :
Ce n'est qu'en expirant que je puis les détruire ;
J'y cours. Voilà de quoi j'ai voulu vous instruire.
Oui, Madame, vers vous j'ai rappelé ses pas :
Mes soins ont réussi, je ne m'en repens pas.
Puisse le ciel verser sur toutes vos années
Mille prospérités l'une à l'autre enchaînées !
Ou s'il vous garde encore un reste de courroux,
Je conjure les dieux d'épuiser tous les coups
Qui pourraient menacer une si belle vie,
Sur ces jours malheureux que je vous sacrifie.

BÉRÉNICE, *se levant.*

Arrêtez, arrêtez ! Princes trop généreux,
En quelle extrémité me jetez-vous tous deux !
Soit que je vous regarde, ou que je l'envisage[1],
Partout du désespoir je rencontre l'image.

---

1. *envisage* : j'observe son visage.

Je ne vois que des pleurs, et je n'entends parler
Que de trouble, d'horreurs, de sang prêt à couler.
(À Titus.)
Mon cœur vous est connu, Seigneur, et je puis dire
Qu'on ne l'a jamais vu soupirer pour l'empire.
La grandeur des Romains, la pourpre des Césars
N'ont point, vous le savez, attiré mes regards.
J'aimais, Seigneur, j'aimais, je voulais être aimée.
Ce jour, je l'avoûrai, je me suis alarmée :
J'ai cru que votre amour allait finir son cours.
Je connais mon erreur, et vous m'aimez toujours.
Votre cœur s'est troublé, j'ai vu couler vos larmes :
Bérénice, Seigneur, ne vaut point tant d'alarmes,
Ni que par votre amour l'univers malheureux,
Dans le temps que Titus attire tous ses vœux
Et que de vos vertus il goûte les prémices,
Se voie en un moment enlever ses délices[1].
Je crois, depuis cinq ans jusqu'à ce dernier jour,
Vous avoir assuré d'un véritable amour.
Ce n'est pas tout : je veux, en ce moment funeste,
Par un dernier effort couronner tout le reste :
Je vivrai, je suivrai vos ordres absolus.
Adieu, Seigneur, régnez : je ne vous verrai plus.
(À Antiochus.)
Prince, après cet adieu, vous jugez bien vous-même
Que je ne consens pas de quitter ce que j'aime
Pour aller loin de Rome écouter d'autres vœux[2].

---

1. *délices* : « Titus, l'amour et les délices du genre humain », disaient les Romains (d'après Suétone). – 2. *vœux* : paroles d'amour.

Vivez, et faites-vous un effort généreux.
Sur Titus et sur moi réglez votre conduite.
Je l'aime, je le fuis ; Titus m'aime, il me quitte.
Portez loin de mes yeux vos soupirs et vos fers.
Adieu : servons tous trois d'exemple à l'univers
De l'amour la plus tendre et la plus malheureuse
Dont il puisse garder l'histoire douloureuse.
Tout est prêt. On m'attend. Ne suivez point mes pas.
(À Titus.)
Pour la dernière fois, adieu, Seigneur.

ANTIOCHUS

Hélas !

Corneille

Tite et Bérénice

Comédie héroïque représentée pour la première fois le 28 novembre 1670.

XIPHILINUS EX DIONE[1]

IN VESPASIANO
GUILLELMO BLANCO INTERPRETE

Vespasianus a senatu absens imperator creatur, Titusque et Domitianus Caesares designantur.

Domitianus animum ad amorem Domitiae filiae Corbulonis applicaverat, eamque a Lucio Lamio Aemiliano, viro ejus, abductam secum habebat in numero amicarum, eamdemque postea uxorem duxit.

Per id tempus Berenice maxime florebat, ob eamque

---

1. « Xiphilin d'après Dion. » Dion Cassius écrivit une histoire romaine, en partie perdue ; mais un moine de Constantinople, Xiphilin, en avait réalisé un abrégé en grec, traduit en latin par Guillaume Blanc d'Alby au XVIe siècle. Corneille en donne des extraits, que nous traduisons :

DANS « LA VIE DE VESPASIEN »
TRADUITE PAR GUILLAUME BLANC

En son absence, Vespasien est déclaré empereur par le sénat, Titus et Domitien sont nommés Césars.

Domitien s'était totalement donné à son amour pour Domitie, fille de Corbulon, et il l'avait enlevée à son mari Lucius Lamius Émilianus pour la compter au nombre de ses maîtresses, et il finit par l'épouser.

causam cum Agrippa fratre Romam venit. Is praetoriis honoribus auctus est, ipsa habitavit in palatio, coepitque cum Tito coire. Spes erat eam Tito nuptum iri, jam enim omnia, ut si esset uxor, gerebat. Sed Titus, quum intelligeret populum Romanum id moleste ferre, eam repudiavit, praesertim quod de iis rebus magni rumores perferrentur.

IN TITO

Titus, ex quo tempore principatum solus obtinuit, nec

A la même période, Bérénice était au faîte de sa beauté, et c'est pourquoi elle vint à Rome avec son frère Agrippa. Il fut élevé à la dignité prétorienne, elle-même habita au palais et commença à coucher avec Titus. On pensait que Titus allait l'épouser car elle se comportait déjà en toutes choses comme si elle était sa femme légitime. Mais Titus, qui avait compris que le peuple romain supportait mal cette situation, la répudia, et ce d'autant plus que de graves insinuations circulaient sur toute l'affaire.

DANS « LA VIE DE TITUS »

Dès lors qu'il exerça seul le pouvoir impérial, Titus ne commit aucun meurtre, ne s'abandonna pas servilement à ses amours ; il se montra au contraire généreux, même lorsqu'on chercha à attenter à sa vie, et sut rester maître de lui, même lorsque Bérénice fut de retour à Rome.

Au moment de sa mort, Titus dit ne se repentir que d'une seule chose, mais il ne révéla pas laquelle et personne n'en sut rien de certain, d'où les conjectures les plus diverses. Selon une rumeur solide que d'aucuns rapportent, ce fut d'avoir possédé Domitia, la femme de son frère ; d'autres pensent, et je les crois dans le vrai, qu'il se repentait d'avoir préféré épargner Domitien, dont il savait avec certitude qu'il complotait contre lui, que de le faire exécuter, et finalement de transmettre l'empire romain à un homme tel que lui.

caedes fecit, nec amoribus inservivit, sed comis, quamvis insidiis peteretur, et continens, Berenice licet in urbem reversa, fuit.

Titus moriens se unius tantum rei poenitere dixit, id autem quid esset non aperuit, nec quisquam certo novit, aliud aliis conjicientibus. Constans fama fuit, ut nonnulli tradunt, quod Domitiam uxorem fratris habuisset : alii putant, quibus ego assentior, quod Domitianum, a quo certo sciebat sibi insidias parari, non interfecisset, sed id ab eo pati maluisset, et quod traderet impcrium romanum tali viro.

ACTEURS

TITE, *empereur de Rome et amant de Bérénice.*
DOMITIAN, *frère de Tite et amant de Domitie.*
BÉRÉNICE, *reine d'une partie de la Judée.*
DOMITIE, *fille de Corbulon.*
PLAUTINE, *confidente de Domitie.*
FLAVIAN, *confident de Tite.*
ALBIN, *confident de Domitian.*
PHILON, *ministre d'État, confident de Bérénice.*

La scène est à Rome dans le palais impérial.

ACTE PREMIER

SCÈNE PREMIÈRE

DOMITIE, PLAUTINE.

DOMITIE

Laisse-moi mon chagrin[1], tout injuste qu'il est ;
Je le chasse, il revient, je l'étouffe, il renaît,
Et plus nous approchons de ce grand Hyménée,
Plus en dépit de moi je m'en trouve gênée[2].
Il fait toute ma gloire, il fait tous mes désirs,
Ne devrait-il pas faire aussi tous mes plaisirs ?
Depuis plus de six mois la pompe s'en apprête,
Rome s'en fait d'avance en l'esprit une fête,
Et tandis qu'à l'envi tout l'Empire l'attend,
Mon cœur dans tout l'Empire est le seul mécontent.

PLAUTINE

Que trouvez-vous, Madame, ou d'amer, ou de rude
À voir qu'un tel bonheur n'ait plus d'incertitude,
Et quand dans quatre jours vous devez y monter[3],

---

1. *chagrin* : tourment. – 2. *gênée* : torturée. – 3. *monter* : sur le trône.

Quel importun chagrin pouvez-vous écouter ?
Si vous n'en êtes pas tout à fait la maîtresse,
Du moins à l'Empereur cachez cette tristesse,
Le dangereux soupçon de n'être pas aimé
Peut le rendre à l'objet dont il fut trop charmé[1] :
Avant qu'il vous aimât, il aimait Bérénice,
Et s'il n'en put alors faire une impératrice,
À présent il est maître, et son père au tombeau
Ne peut plus le forcer d'éteindre un feu si beau.

DOMITIE

C'est là ce qui me gêne, et l'image importune
Qui trouble les douceurs de toute ma fortune :
J'ambitionne, et crains l'Hymen d'un Empereur
Dont j'ai lieu de douter si j'aurai tout le cœur.
Ce pompeux appareil où sans cesse il ajoute
Recule chaque jour un nœud qui le dégoûte.
Il souffre[2] chaque jour que le Gouvernement
Vole ce qu'à me plaire il doit d'attachement,
Et ce qu'il en étale agit d'une manière
Qui ne m'assure point d'une âme tout entière.
Souvent même, au milieu des offres de sa foi,
Il semble tout à coup qu'il n'est pas avec moi,
Qu'il a quelque plus douce, ou noble inquiétude,
Son feu de sa raison est l'effet, et l'étude,
Il s'en fait un plaisir bien moins qu'un embarras,
Et s'efforce à m'aimer, mais il ne m'aime pas.

---

1. *charmé* : fasciné, ensorcelé (étymologiquement, le mot a rapport avec la magie). – 2. *souffre* : supporte.

PLAUTINE

À cet effort pour vous qui pourrait le contraindre ?
Maître de l'Univers, a-t-il un maître à craindre ?

DOMITIE

J'ai quelques droits, Plautine, à l'Empire Romain[1],
Que le choix d'un époux peut mettre en bonne main :
Mon père avant le sien élu pour cet Empire
Préféra... Tu le sais, et c'est assez t'en dire :
C'est par cet intérêt qu'il m'apporte sa foi ;
Mais pour le cœur, te dis-je, il n'est pas tout à moi.

PLAUTINE

La chose est bien égale, il n'a pas tout le vôtre,
S'il aime un autre objet, vous en aimez un autre,
Et comme sa raison vous donne tous ses vœux,
Votre ardeur pour son rang fait pour lui tous vos feux.

DOMITIE

Ne dis point qu'entre nous la chose soit égale :
Un divorce avec moi n'a rien qui le ravale,
Sans avilir son sort il me renvoie au mien,
Et du rang qui lui reste il ne me reste rien.

---

1. *Romain* : elle est fille de Corbulon, général illustre que l'armée, selon les historiens, s'apprêtait peut-être à élire empereur en lieu et place de Néron. Corneille en fait une chose certaine, réinterprétant, comme il le fait souvent, une donnée de l'histoire.

PLAUTINE

Que ce que vous avez d'ambitieux caprice,
Pardonnez-moi ce mot, vous fait un dur supplice !
Le cœur rempli d'amour, vous prenez un époux,
Sans en avoir pour lui, sans qu'il en ait pour vous,
Aimez pour être aimée, et montrez-lui vous-même,
En l'aimant comme il faut, comme il faut qu'il vous [aime,
Et si vous vous aimez, gagnez sur vous ce point
De vous donner entière, ou ne vous donnez point.

DOMITIE

Si l'amour quelquefois souffre qu'on le contraigne,
Il souffre rarement qu'une autre ardeur l'éteigne,
Et quand l'ambition en met l'empire à bas,
Elle en fait son esclave, et ne l'étouffe pas.
Mais un si fier esclave ennemi de sa chaîne
La secoue à toute heure, et la porte avec gêne,
Et maître de nos sens, qu'il appelle au secours,
Il échappe souvent, et murmure[1] toujours.
Veux-tu que je te fasse un aveu tout sincère ?
Je ne puis aimer Tite, ou n'aimer pas son frère,
Et malgré cet amour, je ne puis m'arrêter
Qu'au degré le plus haut où je puisse monter.
Laisse-moi retracer ma vie en ta mémoire ;
Tu me connais assez pour en savoir l'histoire,
Mais tu n'as pu connaître à chaque événement

1. *murmure* : se plaint sourdement.

De mon illustre orgueil quel fut le sentiment.
En naissant, je trouvai l'Empire en ma famille,
Néron m'eut pour parente et Corbulon pour fille,
Et le bruit qu'en tous lieux fit sa haute valeur
Autant que ma naissance enfla mon jeune cœur.
De l'éclat des grandeurs par là préoccupée
Je vis d'un œil jaloux Octavie, et Poppée[1],
Et Néron, des Mortels et l'horreur, et l'effroi,
M'eût paru grand héros, s'il m'eût offert sa foi.
Après tant de forfaits, et de morts entassées,
Les troupes du Levant d'un tel monstre lassées
Pour César en sa place élurent Corbulon :
Son austère vertu rejeta ce grand nom,
Un lâche assassinat[2] en fut le prompt salaire,
Mais mon orgueil sensible à ces honneurs d'un père
Prit de tout autre rang une assez forte horreur,
Pour me traiter dans l'âme en fille d'Empereur.
Néron périt enfin. Trois empereurs de suite[3]
Virent de leur fortune une assez prompte fuite,
L'Orient de leurs noms fut à peine averti,
Qu'il fit Vespasian chef d'un plus fort parti.
Le Ciel l'en avoua[4] : ce guerrier magnanime
Par Tite son aîné fit assiéger Solyme[5],
Et tandis qu'en Égypte il prit d'autres emplois,
Domitian ici vint dispenser ses lois.

---

1. épouses successives de Néron. – 2. *assassinat* : en réalité, Corbulon préféra se suicider que de se laisser tuer. – 3. *de suite* : Galba, Othon et Vitellius, qui à eux trois régnèrent à peine plus d'un an (voir *Othon* de Corneille lui-même). – 4. *avoua* : approuva ce choix, le reconnut légitime. – 5. *Solyme* : Jérusalem.

Je le vis, et l'aimai : ne blâme point ma flamme,
Rien de plus grand que lui n'éblouissait mon âme,
Je ne voyais point Tite, un Hymen[1] me l'ôtait,
Mille soupirs aidaient au rang qui me flattait[2],
Pour remplir tous nos vœux nous n'attendions qu'un [père ;
Il vint, mais d'un esprit à nos vœux si contraire,
Que quoi qu'on lui pût dire, on n'en put arracher
Ce qu'attendait un feu qui nous était si cher.
On n'en sut point la cause, et divers bruits coururent
Qui tous à notre amour également déplurent ;
J'en eus un long chagrin. Tite fit tôt après
De Bérénice à Rome admirer les attraits,
Pour elle avec Martie il avait fait divorce ;
Et cette belle Reine eut sur lui tant de force,
Que pour montrer à tous sa flamme, et hautement,
Il lui fit au Palais prendre un appartement.
L'Empereur, bien qu'en l'âme il prévît quelle haine
Concevrait tout l'État pour l'époux d'une Reine,
Sembla voir cet amour d'un œil indifférent,
Et laisser un cours libre aux flots de ce torrent :
Mais sous les vains dehors de cette complaisance
On ménagea ce Prince avec tant de prudence[3] ;
Qu'en dépit de son cœur, que charmaient tant d'appas,
Il l'obligea lui-même à revoir ses États.
À peine je le vis sans maîtresse, et sans femme,

1. *Hymen* : le mariage de Tite avec sa seconde épouse, Martie. – 2. *flattait* : les soupirs d'amour de Domitian contribuaient à lui faire souhaiter ce « beau » mariage avec le fils de l'empereur. – 3. *prudence* : habileté (fondée sur la faculté de prévoir).

Que mon orgueil vers lui tourna toute mon âme,
Et s'étant emparé du plus doux de mes soins,
Son frère commença de me plaire un peu moins.
Non qu'il ne fût toujours maître de ma tendresse,
Mais je la regardais ainsi qu'une faiblesse,
Comme un honteux effet d'un amour éperdu,
Qui me volait un rang que je me croyais dû.
Tite à peine sur moi jetait alors la vue,
Cent fois avec douleur je m'en suis aperçue;
Mais ce qui consolait ce juste, et long ennui[1],
C'est que Vespasian me regardait pour lui.
Je commençais pourtant à n'en plus rien attendre,
Quand je vis en ses yeux quelque chose de tendre,
Il me rendit visite, et fit tout ce qu'on fait
Alors qu'on veut aimer, ou qu'on aime en effet.
Je veux bien t'avouer que j'y crus du mystère,
Qu'il ne me disait rien que par l'ordre d'un père;
Mais qui ne pencherait à s'en désabuser,
Lorsque ce père mort il songe à m'épouser?
Toi qui vois tout mon cœur, juge de son martyre,
L'ambition l'entraîne, et l'amour le déchire,
Quand je crois m'être mise au-dessus de l'amour,
L'amour vers son objet me ramène à son tour.
Je veux régner, et tremble à quitter ce que j'aime,
Et ne me saurais voir d'accord avec moi-même.

PLAUTINE

Ah, si Domitian devenait Empereur,

---

1. *ennui*: profond tourment.

Que vous auriez bientôt calmé tout ce grand cœur !
Que bientôt... mais il vient. Ce grand cœur en soupire !

DOMITIE

Hélas ! plus je le vois, moins je sais que lui dire.
Je l'aime, et le dédaigne, et n'osant m'attendrir,
Je me veux mal[1] des maux que je lui fais souffrir.

SCÈNE II

DOMITIAN, DOMITIE, ALBIN,
PLAUTINE.

DOMITIAN

Faut-il mourir, Madame, et si proche du terme
Votre illustre inconstance est-elle encor si ferme,
Que les restes d'un feu, que j'avais cru si fort,
Puissent dans quatre jours se promettre ma mort ?

DOMITIE

Ce qu'on m'offre, Seigneur, me ferait peu d'envie,
S'il en coûtait à Rome une si belle vie,
Et ce n'est pas un mal qui vaille en soupirer,
Que de faire une perte aisée à réparer.

DOMITIAN

Aisée à réparer ! un choix qui m'a su plaire,

---

1. *mal*: je me reproche.

Et qui ne plaît pas moins à l'Empereur mon frère,
Charme-t-il l'un et l'autre avec si peu d'appas,
Que vous sachiez leur prix, et le mettiez si bas?

DOMITIE

Quoi qu'on ait pour soi-même ou d'amour, ou d'estime,
Ne s'en croire pas trop n'est pas faire un grand crime:
Mais n'examinons point en cet excès d'honneur
Si j'ai quelque mérite, ou n'ai que du bonheur.
Telle que je puis être, obtenez-moi d'un frère.

DOMITIAN

Hélas, si je n'ai pu vous obtenir d'un père,
Si même je ne puis vous obtenir de vous,
Qu'obtiendrai-je d'un frère amoureux, et jaloux?

DOMITIE

Et moi, résisterai-je à sa toute-puissance,
Quand vous n'y répondez qu'avec obéissance?
Moi qui n'ai sous les Cieux que vous seul pour soutien,
Que puis-je contre lui quand vous n'y pouvez rien?

DOMITIAN

Je ne puis rien sans vous, et pourrais tout, Madame,
Si je pouvais encor m'assurer de votre âme.

DOMITIE

Pouvez-vous en douter, après deux ans de pleurs

Qu'à vos yeux j'ai donnés à nos communs malheurs?
Durant un déplaisir si long et si sensible
De voir toujours un père à nos vœux inflexible,
Ai-je écouté quelqu'un de tant de soupirants,
Qui m'accablaient partout de leurs regards mourants?
Quel que fût leur amour, quel que fût leur mérite...

DOMITIAN

Oui, vous m'avez aimé, jusqu'à l'amour de Tite,
Mais de ces soupirants qui vous offraient leur foi,
Aucun ne vous eût mise alors si haut que moi.
Votre âme ambitieuse à mon rang attachée
N'en voyait point en eux dont elle fût touchée;
Ainsi de ces rivaux aucun n'a réussi,
Mais les temps sont changés, Madame, et vous aussi.

DOMITIE

Non, Seigneur, je vous aime, et garde au fond de l'âme
Tout ce que j'eus pour vous de tendresse, et de flamme,
L'effort que je me fais me tue autant que vous,
Mais enfin l'Empereur veut être mon époux.

DOMITIAN

Ah, si vous n'acceptez sa main qu'avec contrainte,
Venez, venez, Madame, autoriser ma plainte:
L'Empereur m'aime assez pour quitter vos liens,
Quand je lui porterai vos vœux avec les miens.
Dites que vous m'aimez, et que tout son Empire...

DOMITIE

C'est ce qu'à dire vrai j'aurai peine à lui dire,
Seigneur, et le respect qui n'y peut consentir...

DOMITIAN

Non, votre ambition ne se peut démentir,
Ne la déguisez plus, montrez-la toute entière,
Cette âme que le trône a su rendre si fière[1],
Cette âme dont j'ai fait les plaisirs les plus doux,
Cette âme...

DOMITIE

Voyez-la cette âme toute à vous,
Voyez-y tout ce feu que vous y fîtes naître,
Et soyez satisfait, si vous le pouvez être.
Je ne veux point, Seigneur, vous le dissimuler,
Mon cœur va tout à vous, quand je le laisse aller;
Mais sans dissimuler, j'ose aussi vous le dire,
Ce n'est pas mon dessein qu'il m'en coûte l'Empire,
Et je n'ai point une âme à se laisser charmer
Du ridicule honneur de savoir bien aimer.
La passion du trône est seule toujours belle,
Seule à qui l'âme doive une ardeur immortelle.
J'ignorais de l'amour quel est le doux poison,
Quand elle s'empara de toute ma raison.
Comme elle est la première, elle est la dominante;
Non qu'à trahir l'amour je ne me violente,

---

1. *fière*: hautaine, cruelle.

Mais il est juste enfin que des soupirs secrets
Me punissent d'aimer contre mes intérêts.
Daignez donc voir, Seigneur, quelle route il faut
[prendre
Pour ne point m'imposer la honte de descendre[1],
Tout mon cœur vous préfère à cet heureux rival,
Pour m'avoir toute à vous, devenez son égal,
Vous dites qu'il vous aime, et je ne puis le croire,
Si je ne vois sur vous un rayon de sa gloire.
On vous a vus tous deux sortir d'un même flanc,
Ayez mêmes honneurs ainsi que même sang,
Dites-lui que le droit qu'a ce sang à l'Empire...

DOMITIAN

C'est là ce qu'à mon tour j'aurai peine à lui dire,
Madame, et le devoir qui n'y peut consentir...

DOMITIE

À mes vives douleurs daignez donc compatir,
Seigneur, j'achète assez le rang d'Impératrice,
Sans qu'un reproche injuste augmente mon supplice.

DOMITIAN

Et bien, dans cet Hymen qui n'en[2] a que pour moi,
J'applaudirai moi-même à votre peu de foi,
Je dirai que le Ciel doit à votre mérite...

---

1. *descendre*: descendre socialement, c'est-à-dire ne pas épouser un homme puissant. – 2. *en*: « en » reprend « supplice » (voir v. 244).

DOMITIE

Non, Seigneur, faites mieux, et quittez qui vous quitte,
Rome a mille beautés dignes de votre cœur,
Mais dans toute la Terre il n'est qu'un Empereur.
Si mon père avait eu les sentiments du vôtre,
Je vous aurais donné ce que j'attends d'un autre,
Et ma flamme en vos mains eût mis, sans balancer,
Le sceptre qu'en la mienne il aurait dû laisser.
Laissez à son défaut[1] suppléer la Fortune,
Et n'ayez pas une âme assez basse, et commune,
Pour s'opposer au Ciel qui me rend par autrui
Ce que trop de vertu me fit perdre par lui :
Pour peu que vous m'aimiez, aimez mes avantages ;
Il n'est point d'autre amour digne des grands courages.
Voilà toute mon âme. Après cela, Seigneur,
Laissez-moi m'épargner les troubles de mon cœur,
Un plus long entretien ne pourrait rien produire,
Qui ne pût malgré moi vous déplaire, ou me nuire.

SCÈNE III

DOMITIAN, ALBIN.

ALBIN

Elle se défend bien, Seigneur, et dans la Cour...

---

1. *défaut* : le fait qu'il n'ait pas accédé à l'empire.

DOMITIAN

Aucun n'a plus d'esprit, Albin, et moins d'amour.
J'admire[1] ainsi que toi dans ce qu'elle m'oppose,
Son adresse à défendre une mauvaise cause,
Et si pour m'assurer que son cœur n'est qu'à moi
Tant d'esprit agissait en faveur de sa foi,
Si sa flamme au secours appliquait cette adresse,
L'Empereur convaincu me rendrait ma maîtresse.

ALBIN

Cependant n'est-ce rien que ce cœur soit à vous?

DOMITIAN

D'un bonheur si mal sûr je ne suis point jaloux,
Et trouve peu de jour[2] à croire qu'elle m'aime,
Quand elle ne regarde, et n'aime que soi-même.

ALBIN

Seigneur, s'il m'est permis de parler librement,
Dans toute la Nature aime-t-on autrement?
L'amour-propre est la source en nous de tous les autres,
C'en est le sentiment qui forme tous les nôtres,
Lui seul allume, éteint, ou change nos désirs,
Les objets de nos vœux le sont de nos plaisirs:
Vous-même qui brûlez d'une ardeur si fidèle,

---

1. *j'admire*: je suis surpris (le verbe comporte ici une nuance d'ironie amère). – 2. *jour*: je trouve peu vraisemblable.

Aimez-vous Domitie, ou vos plaisirs en elle ?
Et quand vous aspirez à des liens si doux,
Est-ce pour l'amour d'elle ou pour l'amour de vous ?
De sa possession l'aimable et chère idée
Tient vos sens enchantés, et votre âme obsédée,
Mais si vous conceviez quelques destins meilleurs,
Vous porteriez bientôt toute cette âme ailleurs.
Sa conquête est pour vous le comble des délices,
Vous ne vous figurez ailleurs que des supplices,
C'est par là qu'elle seule a droit de vous charmer,
Et vous n'aimez que vous, quand vous croyez l'aimer.

DOMITIAN

En l'état où je suis les maux dont je soupire
M'ôtent la liberté de te rien contredire :
Cherchons-en le remède, au lieu de raisonner
Sur l'amour où le Ciel se plaît à m'obstiner.
N'est-il point de secret ? n'est-il point d'artifice...

ALBIN

Oui, Seigneur, il en est, rappelons Bérénice,
Sous le nom de César pratiquons[1] son retour,
Qui retarde l'Hymen, et suspende l'amour.

DOMITIAN

Que je verrais, Albin, ma volage punie,
Si de ces grands apprêts pour la cérémonie,

---

1. *pratiquons* : usons de ruse pour la faire revenir.

Que depuis si longtemps on dresse à si grand bruit,
Elle n'avait que l'ombre, et qu'un autre eût le fruit !
Qu'elle serait confuse, et que j'aurais de joie !
Mais il faut que le Ciel lui-même la renvoie,
Cette belle rivale, et tout notre discours
Ne la saurait ici rendre dans quatre jours.

ALBIN

N'importe, en l'attendant préparons sa victoire,
Dans l'esprit d'un rival ranimons sa mémoire,
Retraçons à ses yeux l'image du passé,
Et profitons par là du cœur embarrassé.
N'y perdez point de temps, allez sans plus rien taire
Tâter jusqu'en ce cœur les tendresses de frère.
Si vous ne l'emportez, il pourra s'ébranler,
S'il ne rompt cet Hymen, il pourra reculer,
Je me trompe, ou son âme y penche d'elle-même :
S'il s'émeut, redoublez, dites que l'on vous aime,
Dites qu'un pur respect contraint avec ennui
Une âme toute à vous à se donner à lui ;
S'il se trouble, achevez, parlez de Bérénice,
De tant d'amour qu'il traite avec tant d'injustice :
Pour lui donner le temps de venir au secours
Nous aurons quatre mois au lieu de quatre jours.

DOMITIAN

Mais j'aime Domitie, et lui parler contre elle,
C'est me mettre au hasard[1] d'irriter l'infidèle.

---

1. *hasard* : courir le risque.

Ne me condamne point, Albin, à la trahir,
À joindre à ses mépris le droit de me haïr :
En vain je veux contre elle écouter ma colère,
Toute ingrate qu'elle est, je tremble à lui déplaire.

ALBIN

Seigneur, quelle mesure avez-vous à garder ?
Quand on voit tout perdu, craint-on de hasarder ?
Et si l'ambition vers un autre l'entraîne,
Que vous peut importer son amour, ou sa haine ?

DOMITIAN

Qu'un salutaire avis fait une douce loi
À qui peut avoir l'âme aussi libre que toi !
Mais celle d'un amant n'est pas comme une autre âme,
Il ne voit, il n'entend, il ne croit que sa flamme,
Du plus puissant remède il se fait un poison,
Et la raison pour lui n'est pas toujours raison.

ALBIN

Et si je vous disais que déjà Bérénice
Est dans Rome, inconnue[1], et par mon artifice ?
Qu'elle surprendra Tite, et qu'elle y vient exprès,
Pour de ce grand Hymen renverser les apprêts ?

DOMITIAN

Albin, serait-il vrai ?

---

1. *inconnue* : incognito.

ALBIN

La nouvelle vous flatte[1] ?
Peut-être est-elle fausse, attendez qu'elle éclate :
Surtout à l'Empereur déguisez-la si bien...

DOMITIAN

Va, je lui parlerai, comme n'en sachant rien.

ACTE II

SCÈNE PREMIÈRE

TITE, FLAVIAN.

TITE

Quoi, des Ambassadeurs que Bérénice envoie
Viennent ici, dis-tu, me témoigner sa joie,
M'apporter son hommage, et me féliciter,
Sur ce comble de gloire où je viens de monter ?

FLAVIAN

En attendant votre ordre ils sont au port d'Ostie.

---

1. *flatte* : la nouvelle vous fait plaisir (vous redonne espoir).

TITE

Ainsi, grâces aux Dieux, sa flamme est amortie[1],
Et de pareils devoirs sont pour moi des froideurs,
Puisqu'elle s'en rapporte à ses Ambassadeurs ;
Jusqu'après mon Hymen remettons leur venue,
J'aurais trop à rougir si j'y souffrais leur vue,
Et recevais les yeux de ses propres Sujets
Pour envieux témoins du vol que je lui fais.
Car mon cœur fut son bien, à cette belle Reine,
Et pourrait l'être encor malgré Rome, et sa haine,
Si ce divin objet qui fut tout mon désir
Par quelque doux regard s'en venait ressaisir.
Mais du haut de son trône elle aime mieux me rendre
Ces froideurs que pour elle on me força de prendre,
Peut-être en ce moment que toute ma raison
Ne saurait sans désordre entendre son beau nom,
Entre les bras d'un autre un autre amour la livre,
Elle suit mon exemple, et se plaît à le suivre,
Et ne m'envoie ici traiter de Souverain,
Que pour braver l'Amant qu'elle charmait en vain.

FLAVIAN

Si vous la revoyiez, je plaindrais Domitie.

TITE

Contre tous ses attraits ma raison endurcie
Ferait de Domitie encor la sûreté,

1. *amortie* : son amour a perdu de son ardeur.

Mais mon cœur aurait peu de cette dureté.
N'aurais-tu point appris qu'elle fût infidèle,
Qu'elle écoutât les Rois qui soupirent pour elle ?
Dis-moi que Polémon[1] règne dans son esprit,
J'en aurai du chagrin, j'en aurai du dépit,
D'une vive douleur j'en aurai l'âme atteinte,
Mais j'épouserai l'autre avec moins de contrainte.
Car enfin elle est belle, et digne de ma foi,
Elle aurait tout mon cœur, s'il était tout à moi,
La noblesse du sang, la grandeur de courage,
Font avec son mérite un illustre assemblage,
C'est le choix de mon père, et je connais trop bien
Qu'à choisir en César ce doit être le mien :
Mais tout mon cœur renonce à lui faire justice
Dès que mon souvenir lui rend sa Bérénice.

FLAVIAN

Si de tels souvenirs vous sont encor si doux,
L'Hyménée a, Seigneur, peu de charmes pour vous.

TITE

Si de tels souvenirs ne me faisaient la guerre,
Serait-il Potentat plus heureux sur la Terre ?
Mon nom par la victoire est si bien affermi,
Qu'on me croit dans la paix un Lion endormi :
Mon réveil incertain du monde fait l'étude,

1. *Polémon* : deuxième époux de Bérénice, qu'elle abandonna très vite avant de connaître Titus.

Mon repos en tous lieux jette l'inquiétude,
Et tandis qu'en ma Cour les aimables loisirs
Ménagent l'heureux choix des jeux, et des plaisirs,
Pour envoyer l'effroi sous l'un et l'autre pôle,
Je n'ai qu'à faire un pas, et hausser la parole.
Que de félicité, si mes vœux imprudents
N'étaient de mon pouvoir les seuls indépendants !
Maître de l'Univers, sans l'être de moi-même,
Je suis le seul rebelle à ce pouvoir suprême,
D'un feu que je combats je me laisse charmer,
Et n'aime qu'à regret ce que je veux aimer.
En vain de mon Hymen Rome presse la pompe,
J'y veux de la lenteur, j'aime qu'on l'interrompe,
Et n'ose résister aux dangereux souhaits
De préparer toujours, et n'achever jamais.

FLAVIAN

Si ce dégoût, Seigneur, va jusqu'à la rupture,
Domitie aura peine à souffrir cette injure,
Ce jeune esprit qu'entête[1], et le sang de Néron,
Et le choix qu'en Syrie on fit de Corbulon,
S'attribue à l'Empire un droit imaginaire,
Et s'en fait, comme vous, un rang héréditaire.
Si de votre parole un manque surprenant
La jette entre les bras d'un homme entreprenant,
S'il l'unit à quelque âme assez fière, et hautaine,
Pour servir son orgueil, et seconder sa haine,
Un vif ressentiment lui fera tout oser,

---

1. *entête* : donne des illusions déraisonnables.

En un mot il vous faut la perdre, ou l'épouser.

TITE

J'en sais la politique, et cette loi cruelle
A presque fait l'amour qu'il m'a fallu pour elle.
Réduit au triste choix dont tu viens de parler,
J'aime mieux, Flavian, l'aimer, que l'immoler,
Et ne puis démentir cette horreur magnanime,
Qu'en recevant le jour je conçus pour le crime.
Moi qui seul des Césars me vois en ce haut rang,
Sans qu'il en coûte à Rome une goutte de sang,
Moi que du genre humain on nomme les délices,
Moi qui ne puis souffrir les plus justes supplices,
Pourrais-je autoriser une injuste rigueur,
À perdre une Héroïne à qui je dois mon cœur ?
Non, malgré les attraits de sa belle rivale,
Malgré les vœux flottants de mon âme inégale,
Je veux l'aimer, je l'aime, et sa seule beauté
Pouvait me consoler de ce que j'ai quitté ;
Elle seule en ses yeux porte de quoi contraindre
Mes feux à s'assoupir, s'ils ne peuvent s'éteindre,
De quoi flatter[1] mon âme, et forcer mes douleurs
À souhaiter du moins de n'aimer plus ailleurs.
Mais je ne vois pas bien que j'en sois encor maître ;
Dès que ma flamme expire, un mot la fait renaître,
Et mon cœur malgré moi rappelle un souvenir
Que je n'ose écouter, et ne saurais bannir.
Ma raison s'en veut faire en vain un sacrifice,

1. *flatter* : apaiser (de manière plus ou moins illusoire).

Tout me ramène ici, tout m'offre Bérénice,
Et même je ne sais par quel pressentiment
Je n'ai souffert personne en son Appartement,
Mais depuis cet Adieu si cruel, et si tendre,
Il est demeuré vide, et semble encor l'attendre.
Va, fais porter mon ordre à ses Ambassadeurs,
C'est trop entretenir d'inutiles ardeurs,
Il est temps de chercher qui m'en puisse distraire[1],
Et le Ciel à propos envoie ici mon frère.

FLAVIAN

Irez-vous au Sénat ?

TITE

Non, il peut s'assembler
Sur ce déluge ardent[2] qui nous a fait trembler,
Et pourvoir sous mon ordre aux affreuses ruines
Dont ses feux ont couvert les campagnes voisines.

SCÈNE II

TITE, DOMITIAN, ALBIN.

DOMITIAN

Puis-je parler, Seigneur, et de votre amitié
Espérer une grâce à force de pitié ?

---

1. *distraire* : détourner. – 2. *ardent* : l'éruption du Vésuve, qui détruisit Herculanum et Pompéi.

Je me suis jusqu'ici fait trop de violence,
Pour augmenter encor mes maux par mon silence,
Ce que je vais vous dire est digne du trépas,
Mais aussi j'en mourrai, si je ne le dis pas :
Apprenez donc mon crime, et voyez s'il faut faire
Justice d'un coupable, ou grâce aux vœux d'un frère.
J'ai vu ce que j'aimais choisi pour être à vous,
Et je l'ai vu longtemps sans en être jaloux,
Vous n'aimiez Domitie alors que par contrainte,
Vous vous faisiez effort, j'imitais votre feinte,
Et comme aux lois d'un père il fallait obéir,
Je feignais d'oublier, vous de ne point haïr.
Le Ciel qui dans vos mains met sa toute-puissance
Ne met-il point de borne à cette obéissance ?
La faut-il à son Ombre, et que ce même effort
Vous déchire encor l'âme, et me donne la mort ?

TITE

Souffrez sur cet effort que je vous désabuse.
Il fut grand, et de ceux que tout le cœur refuse,
Pour en sauver le mien, je fis ce que je pus ;
Mais ce qui fut effort, à présent ne l'est plus.
Sachez-en la raison. Sous l'empire d'un père
Je murmurai toujours d'un ordre si sévère,
Et cherchai les moyens de tirer en longueur
Cet Hymen qui vous gêne, et m'arrachait le cœur.
Son trépas a changé toutes choses de face.
J'ai pris ses sentiments lorsque j'ai pris sa place,
Je m'impose à mon tour les lois qu'il m'imposait,
Et me dis après lui tout ce qu'il me disait.

J'ai des yeux d'Empereur et n'ai plus ceux de Tite,
Je vois en Domitie un tout autre mérite.
J'écoute la raison, j'en goûte les conseils,
Et j'aime, comme il faut qu'aiment tous mes pareils.
Si dans les premiers jours que vous m'avez vu Maître
Votre feu mal éteint avait voulu paraître,
J'aurais pu me combattre, et me vaincre pour vous :
Mais si près d'un Hymen si souhaité de tous,
Quand Domitie a droit de s'en croire assurée,
Que le jour en est pris, la fête préparée,
Je l'aime, et lui dois trop, pour jeter sur son front
L'éternelle rougeur d'un si mortel affront.
Rome entière, et ma foi l'appellent à l'Empire,
Voyez mieux de quel œil on m'en verrait dédire,
Ce qu'ose se permettre une femme en fureur,
Et combien Rome entière aurait pour moi d'horreur.

DOMITIAN

Elle n'en aurait point de vous voir pour un frère
Faire autant, que pour elle il vous a plu de faire.
Seigneur, à vos bontés laissez un libre cours,
Qui se vainc une fois peut se vaincre toujours,
Ce n'est pas un effort que votre âme redoute.

TITE

Qui se vainc une fois sait bien ce qu'il en coûte,
L'effort est assez grand, pour en craindre un second.

DOMITIAN

Ah, si votre grande âme à peine[1] s'en répond,
La mienne qui n'est pas d'une trempe si belle,
Réduite au même effort, Seigneur, que fera-t-elle ?

TITE

Ce que je fais, mon frère, aimez ailleurs.

DOMITIAN

Hélas,
Ce qui vous fut aisé, Seigneur, ne me l'est pas.
Quand vous avez changé, voyiez-vous Bérénice ?
De votre changement son départ fut complice,
Vous l'aviez éloignée, et j'ai devant les yeux,
Je vois presque en vos bras ce que j'aime le mieux.
Jugez de ma douleur par l'excès de la vôtre,
Si vous voyiez la Reine entre les bras d'un autre :
Contre un rival heureux épargneriez-vous rien,
À moins que d'un respect aussi grand que le mien ?

TITE

Vengez-vous, j'y consens, que rien ne vous retienne,
Je prends votre maîtresse, allez, prenez la mienne.
Épousez Bérénice, et...

---

1. *à peine* : difficilement.

DOMITIAN

Vous n'achevez point,
Seigneur, me pourriez-vous aimer jusqu'à ce point ?

TITE

Oui, si je ne craignais pour vous l'injuste haine
Que Rome concevrait pour l'époux d'une Reine.

DOMITIAN

Dites, dites, Seigneur, qu'il est bien malaisé
De céder ce qu'adore un cœur bien embrasé.
Ne vous contraignez plus, ne gênez plus votre âme,
Satisfaites en maître une si belle flamme,
Quand vous aurez su dire une fois : « Je le veux »,
D'un seul mot prononcé vous ferez quatre heureux.
Bérénice est toujours digne de votre couche,
Et Domitie enfin vous parle par ma bouche ;
Car je ne saurais plus vous le taire, oui, Seigneur,
Vous en voulez la main, et j'en ai tout le cœur,
Elle m'en fit le don dès la première vue,
Et ce don fut l'effet d'une force imprévue,
De cet ordre du Ciel qui verse en nos esprits
Les principes secrets de prendre, et d'être pris :
Je vous dirais, Seigneur, quelle en est la puissance,
Si vous ne le saviez par votre expérience.
Ne rompez pas des nœuds, et si forts, et si doux,
Rien ne les peut briser que le trépas, ou vous,
Et c'est un triste honneur pour une si grande âme,
Que d'accabler un frère, et contraindre une femme.

TITE

Je ne contrains personne, et de sa propre voix
Nous allons, vous et moi, savoir quel est son choix.

SCÈNE III

TITE, DOMITIAN, DOMITIE, ALBIN, PLAUTINE.

TITE

Parlez, parlez, Madame, et daignez nous apprendre
Où porte votre cœur ce qu'il sent de plus tendre,
Qui le possède entier de mon frère, ou de moi ?

DOMITIE

En doutez-vous, Seigneur, quand vous avez ma foi ?

TITE

J'aime à n'en point douter, mais on veut que j'en doute,
On dit que cette foi ne vous donne pas toute,
Que ce cœur reste ailleurs. Parlez en liberté,
Et n'en consultez point cette noble fierté,
Ce digne orgueil du sang que mon rang sollicite ;
De tout ce que je suis, ne regardez que Tite,
Et pour mieux écouter vos désirs les plus doux,
Entre le Prince et moi, ne regardez que vous.

DOMITIE

Qu'avez-vous dit de moi, Prince ?

DOMITIAN

Que dans votre âme
Vous laissez vivre encor notre première flamme,
Et qu'en faveur du rang si vous m'osez trahir,
Ce n'est pas tant aimer, Madame, qu'obéir.
C'est en dire un peu plus que vous n'aviez envie,
Mais il y va de vous, il y va de ma vie,
Et qui se voit si près de perdre tout son bien,
Se fait armes de tout, et ne ménage rien.

DOMITIE

Je ne sais de vous deux, Seigneur, à ne rien feindre,
Duquel je dois le plus me louer, ou me plaindre.
C'est aimer assez mal, que remettre tous deux
Au choix de mes désirs le succès de vos vœux,
Et cette liberté par tous les deux offerte
Montre que tous les deux peuvent souffrir ma perte,
Et que tout leur amour est prêt à consentir
Que mon cœur, ou ma foi veuille se démentir.
Je me plains de tous deux, et vous plains l'un et l'autre,
Si pour voir tout ce cœur vous m'ouvrez tout le vôtre.
Le Prince n'agit pas en Amant fort discret ;
S'il ne m'impose rien, il trahit mon secret,
Tout ce qu'il vous en dit m'offense, ou vous abuse,
Mais ce que fait l'amour, l'amour aussi l'excuse.
Vous, Seigneur, je croyais que vous m'aimiez assez

Pour m'épargner le trouble où vous m'embarrassez,
Et laisser pour couleur[1] à mon peu de constance
La gloire d'obéir à la toute-puissance :
Vous m'ôtez cette excuse, et me voulez charger
De ce qu'a d'odieux la honte de changer ;
Si le Prince en mon cœur garde encor même place,
C'est manquer de respect, que vous le dire en face,
Et si mon choix pour vous n'est point violenté,
C'est trop d'ambition, et d'infidélité.
Ainsi des deux côtés tout sert à me confondre[2],
J'ai cent choses à dire, et rien à vous répondre,
Et ne voulant déplaire à pas un de vous deux,
Je veux ainsi que vous douter où vont mes vœux.
Ce qui le plus m'étonne en cette déférence,
Qui veut du cœur entier une entière assurance,
C'est que dans ce haut rang vous ne vouliez pas voir
Qu'il n'importe du cœur quand on sait son devoir,
Et que de vos pareils les hautes destinées
Ne le consultent point sur ces grands Hyménées.

TITE

Si le vôtre, Madame, était de moindre prix...
Mais que veut Flavian ?

1. *couleur* : apparence, fausse justification. – 2. *confondre* : troubler, embarrasser (parce qu'elle pourrait être amenée à se dévoiler entièrement).

SCÈNE IV

TITE, DOMITIAN, DOMITIE, PLAUTINE,
FLAVIAN, ALBIN.

FLAVIAN

Vous en serez surpris,
Seigneur, je vous apporte une grande nouvelle,
La Reine Bérénice...

TITE

Et bien ? est infidèle ?
Et son esprit, charmé par un plus doux souci...

FLAVIAN

Elle est dans ce Palais, Seigneur, et la voici.

SCÈNE V

TITE, DOMITIAN, BÉRÉNICE, DOMITIE, FLAVIAN,
ALBIN, PHILON, PLAUTINE.

TITE

Ô Dieux ! est-ce, Madame, aux Reines de surprendre ?
Quel accueil, quels honneurs peuvent-elles attendre,

Quand leur surprise envie[1] au souverain pouvoir
Celui de donner ordre à les bien recevoir?

BÉRÉNICE

Pardonnez-le, Seigneur, à mon impatience.
J'ai fait sous d'autres noms demander audience,
Vous la donniez trop tard à mes Ambassadeurs,
Je n'ai pu tant attendre à voir tant de grandeurs,
Et quoique par vous-même autrefois exilée,
Sans ordre, et sans aveu[2], je me suis rappelée,
Pour être la première à mettre à vos genoux
Le sceptre qu'à présent je ne tiens que de vous,
Et prendre sur les Rois cet illustre avantage,
De leur donner l'exemple à vous en faire hommage.
Je ne vous dirai point avec quelles langueurs
D'un si cruel exil j'ai souffert les longueurs,
Vous savez trop...

TITE

Je sais votre zèle, et l'admire,
Madame, et pour me voir possesseur de l'Empire,
Pour me rendre vos soins, je ne méritais pas
Que rien vous pût résoudre à quitter vos États,
Qu'une si grande Reine en formât la pensée.
Un voyage si long vous doit avoir lassée.
Conduisez-la, mon frère, en son Appartement.
Vous, faites-l'y servir aussi pompeusement,

1. *envie* : interdit. – 2. *aveu* : autorisation.

Avec le même éclat qu'elle s'y vit servie,
Alors qu'elle faisait le bonheur de ma vie.

SCÈNE VI

TITE, DOMITIE, PLAUTINE, PHILON.

DOMITIE

Seigneur, faut-il ici vous rendre votre foi ?
Ne regardez que vous entre la Reine, et moi,
Parlez sans vous contraindre, et me daignez apprendre
Où porte votre cœur ce qu'il sent de plus tendre.

TITE

Adieu, Madame, adieu. Dans le trouble où je suis,
Me taire, et vous quitter, c'est tout ce que je puis.

SCÈNE VII

DOMITIE, PLAUTINE.

DOMITIE

Se taire et me quitter ! Après cette retraite
Crois-tu qu'un tel Arrêt[1] ait besoin d'interprète ?

---

1. *arrêt* : attitude, qui est ici le signe d'une décision.

PLAUTINE

Oui, Madame, et ce n'est que dérober au jour,
Que vous cacher le trouble où le met ce retour.

DOMITIE

Non, non, tu l'as voulu, Plautine, que je vinsse
Désavouer ici les vanité du Prince,
Empêcher qu'un Amant dont je n'ai pas le cœur
Ne cédât ma conquête à mon premier vainqueur :
Vois la honte qu'ainsi je me suis attirée.
Quand sa Reine a paru, m'a-t-il considérée ?
A-t-il jeté les yeux sur moi qu'en me quittant[1] ?

PLAUTINE

Pensez-vous que sa Reine ait l'esprit plus content ?
Avant que vous quitter lui-même il l'a bannie.

DOMITIE

Oui, mais avec respect, avec cérémonie,
Avec des yeux enfin, qui l'éloignant des miens,
Lui promettaient assez de plus doux entretiens.
Tu me diras encor, que la chose est égale,
Que s'il m'ose quitter, il chasse ma rivale.
Mais pour peu qu'il m'aimât, du moins il m'aurait dit
Que je garde en son âme encor même crédit,
Il m'en aurait donné des sûretés nouvelles,

1. *quittant* : sinon lorsqu'il m'a quittée.

Il m'en aurait laissé quelques marques fidèles.
S'il me voulait cacher le trouble où je le vois,
La plus mauvaise excuse était bonne pour moi :
Mais pour toute réponse il se tait, et me quitte,
Et tu ne peux souffrir que mon cœur s'en irrite !
Tu veux, lorsque lui-même ose se déclarer,
Que je me flatte[1] encore assez pour espérer !
C'est avec le perfide être d'intelligence,
Sans me flatter en vain, courons à la vengeance,
Faisons voir ce qu'en moi peut le sang de Néron,
Et que je suis de plus fille de Corbulon.

PLAUTINE

Vous l'êtes, mais enfin c'est n'être qu'une fille,
Que le reste impuissant d'une illustre famille.
Contre un tel Empereur où prendrez-vous des bras ?

DOMITIE

Contre un tel Empereur nous n'en manquerons pas.
S'il épouse sa Reine, il est l'horreur de Rome,
Trouvons alors, trouvons un grand cœur[2], un grand [homme,
Un Romain qui réponde au sang de mes Aïeux,
Et pour le révolter, laisse faire à mes yeux.
Juge, par le pouvoir de ceux de Bérénice,
Si les miens auront peine à s'en faire justice.
Si ceux-là forcent Tite à me manquer de foi,

---

1. *flatte* : berce d'illusions. – 2. *cœur* : courage.

Ceux-ci feront briser le joug d'un nouveau Roi,
Et si de l'Univers les siens charment le maître,
Les miens charmeront ceux qui méritent de l'être.
Dis-le-moi, tu l'as vue, ai-je peu de raison
Quand de mes yeux aux siens je fais comparaison ?
Est-elle plus charmante ? ai-je moins de mérite ?
Suis-je moins digne qu'elle enfin du cœur de Tite ?

PLAUTINE

Madame...

DOMITIE

Je m'emporte, et mes sens interdits
Impriment leur désordre en tout ce que je dis.
Comment saurais-je aussi ce que je te dois dire,
Si je ne sais pas même à quoi mon âme aspire ?
Mon aveugle fureur s'égare à tous propos :
Allons penser à tout avec plus de repos.

PLAUTINE

Vous pourriez hasarder un moment de visite,
Pour voir si ce retour est sans l'aveu de Tite,
Ou si c'est de concert qu'il a fait le surpris.

DOMITIE

Oui, mais auparavant remettons nos esprits.

ACTE III

SCÈNE PREMIÈRE

DOMITIAN, BÉRÉNICE, PHILON.

DOMITIAN

Je vous l'ai dit, Madame, et j'aime à le redire,
Qu'il est beau qu'à vous plaire un Empereur aspire !
Qu'il lui doit être doux qu'un véritable feu
Par de justes soupirs mérite votre aveu !
Serait-ce un crime à moins[1] ? Serait-ce vous déplaire,
Après un Empereur, de vous offrir son frère ?
Et voudriez-vous croire, en faveur de ma foi,
Qu'un frère d'Empereur pourrait valoir un Roi ?

BÉRÉNICE

Si votre âme, Seigneur, en veut être éclaircie,
Vous pouvez le savoir de votre Domitie.
De tous les deux aimée, et douce à tous les deux,
Elle sait mieux que moi comme on change de vœux,
Et sait peut-être mal la route qu'il faut prendre,
Pour trouver le secret de les faire descendre,
Quelque facilité qu'elle ait eue à trouver,
Malgré sa flamme et vous, l'art de les élever.

---

1. *moins* : serait-ce un crime de soupirer pour vous si l'on n'est empereur ?

Pour moi qui n'eus jamais l'honneur d'être Romaine,
Et qu'un destin jaloux n'a fait naître que Reine,
Sans qu'un de vous descende au rang que je remplis,
Ce me doit être assez d'un de vos Affranchis,
Et si votre Empereur suit les traces des autres[1],
Il suffit d'un tel sort pour relever les nôtres[2].
Mais changeons de discours, et me dites[3], Seigneur,
Par quel ordre aujourd'hui vous m'offrez votre cœur.
Est-ce pour obliger ou Domitie, ou Tite ?
N'ose-t-il me quitter, à moins que je le quitte ?
Et peut-il à son rang si peu se confier,
Qu'il veuille mon exemple à se justifier ?
Me donne-t-il à vous, alors qu'il m'abandonne ?

DOMITIAN

Il vous respecte trop, c'est à vous qu'il me donne,
Et me fait la justice, en m'enlevant mon bien,
De vouloir que je tâche à m'enrichir du sien :
Mais à peine il le veut, qu'il craint pour moi la haine
Que Rome concevrait pour l'époux d'une Reine.
C'est à vous de juger d'où part ce sentiment :
En vain par Politique il fait ailleurs l'Amant,
Il s'y réduit en vain par grandeur de courage,
À ces fausses clartés opposez quelque ombrage[4],
Et je renonce au jour, s'il ne revient à vous[5],

---

1. *autres* : ses prédécesseurs (Claude et Néron, par exemple, dont les affranchis jouirent d'un grand pouvoir). – 2. *nôtres* : le sort des reines. – 3. *dites* : dites-moi. – 4. *ombrage* : à ces fausses évidences opposez des soupçons jaloux. – 5. *vous* : je suis prêt à parier ma vie qu'il vous reviendra.

Pour peu que vous penchiez à le rendre jaloux.

BÉRÉNICE

Peut-être, mais Seigneur, croyez-vous Bérénice
D'un cœur à s'abaisser jusqu'à cet artifice,
Jusques à mendier lâchement le retour
De ce qu'un grand service a mérité d'amour?

DOMITIAN

Madame, sur ce point je n'ai rien à vous dire.
Vous savez ce que vaut l'Empereur, et l'Empire,
Et si vous consentez qu'on vous manque de foi,
Vous pouvez regarder si je vaux bien un Roi.
J'aperçois Domitie, et lui cède la place.

SCÈNE II

DOMITIE, BÉRÉNICE, DOMITIAN, PHILON.

DOMITIE

Je vais me retirer, Seigneur, si je vous chasse,
Et j'ai des intérêts que vous servez trop bien,
Pour arrêter le cours d'un si long entretien.

DOMITIAN

Je faisais à la Reine une offre de service,
Qui peut vous assurer le rang d'Impératrice,
Madame, et si j'en suis accepté pour époux,

Tite n'aura plus d'yeux pour d'autres que pour vous.
Est-ce vous mal servir ?

DOMITIE

Quoi, Madame, il vous aime ?

BÉRÉNICE

Non, mais il me le dit, Madame.

DOMITIE

Lui ?

BÉRÉNICE

Lui-même.
Est-ce vous offenser que m'offrir vos refus,
Et vous doit-il un cœur dont vous ne voulez plus ?

DOMITIE

Je ne sais si je puis vous dire s'il m'offense,
Quand vous vous préparez à prendre sa défense.

BÉRÉNICE

Et moi je ne sais pas s'il a droit de changer,
Mais je sais que l'amour ne peut désobliger.

DOMITIE

Du moins ce nouveau feu rend justice au mérite.

DOMITIAN

Vous m'avez commandé de quitter qui me quitte,
Vous le savez, Madame, et si c'est vous trahir,
Vous m'avouerez aussi que c'est vous obéir.

DOMITIE

S'il échappe à l'amour un mot qui le trahisse,
À l'effort qu'il se fait veut-il qu'on obéisse ?
Il cherche une révolte, et s'en laisse charmer,
Vous le sauriez, ingrat, si vous saviez aimer,
Et vous ne feriez pas l'indigne violence
De vous offrir ailleurs, et même en ma présence.

DOMITIAN, *à Bérénice.*

Madame, vous voyez ce que je vous ai dit,
La preuve est convaincante, et l'exemple suffit.

BÉRÉNICE

Il suffit pour vous croire, et non pas pour le suivre.

DOMITIE

Allez, sous quelques lois qu'il vous plaise de vivre,
Vivez-y, j'y consens, mais vous pouviez, Seigneur,
Vous hâter un peu moins de m'ôter votre cœur,
Attendre que l'honneur de ce grand Hyménée
Vous renvoyât la foi que vous m'avez donnée :
Si vous vouliez passer pour véritable Amant,
Il fallait espérer jusqu'au dernier moment,

Il vous fallait...

DOMITIAN

Et bien, puisqu'il faut que j'espère,
Madame, faites grâce à l'Empereur mon frère,
À la Reine, à vous-même enfin, si vous m'aimez
Autant qu'il le paraît à vos yeux alarmés.
Les scrupules d'État qu'il fallait mieux combattre
Assez et trop longtemps nous ont gênés tous quatre ;
Réunissez des cœurs de qui rompt l'union
Cette Chimère en Tite, en vous l'ambition.
Vous trouverez au mien encor les mêmes flammes
Qui dès que je vous vis charmèrent nos deux âmes ;
Dès ce premier moment j'adorai vos appas,
Dès ce premier moment je ne vous déplus pas,
Ai-je épargné depuis aucuns soins pour vous plaire ?
Est-ce un crime pour moi que l'aînesse d'un frère ?
Et faut-il m'accabler d'un éternel ennui,
Pour avoir vu le jour deux lustres[1] après lui,
Comme si de mon choix il dépendait de naître
Dans le temps qu'il fallait pour devenir son maître ?
Au nom de votre amour, et de ce digne Amant,
Madame, qui vous aime encor si chèrement,
Prenez quelque pitié d'un Amant déplorable[2],
Faites-la partager à cette inexorable,
Dissipez la fierté d'une injuste rigueur,
Pour juge entre elle, et moi, je ne veux que son cœur.
Je vous laisse avec elle arbitre de ma vie.

---

1. *lustres* : dix ans. – 2. *déplorable* : digne de compassion.

Adieu, Madame. Adieu, trop aimable[1] ennemie.

SCÈNE III

BÉRÉNICE, DOMITIE, PHILON.

BÉRÉNICE

Les intérêts d'un Prince avancent trop le mien,
Pour vous oser, Madame, importuner de rien,
Et l'incivilité de la moindre prière
Semblerait vous presser de me rendre son frère.
Tout ce qu'en sa faveur je crois m'être permis,
Après qu'à votre cœur lui-même il s'est remis,
C'est de vous faire voir ce que hasarde une âme
Qui sacrifie au rang les douceurs de sa flamme,
Et quel long repentir suit ces nobles ardeurs,
Qui soumettent l'amour à l'éclat des grandeurs.

DOMITIE

Quand les choses, Madame, auront changé de face,
Je reviendrai savoir ce qu'il faut que je fasse,
Et demander votre ordre avec empressement
Sur le choix, ou du Prince, ou de quelque autre Amant,
Agréez cependant un respect qui m'amène
Vous rendre mes devoirs comme à ma Souveraine.
Car je n'ose douter que déjà l'Empereur

1. *aimable*: digne d'être aimée.

Ne vous ait redonné bonne part en son cœur.
Vous avez sur vos Rois[1] pris ce digne avantage,
D'être ici la première à rendre un juste hommage,
Et pour vous imiter, je veux avoir le bien
D'être aussi la première à vous offrir le mien.
Cet exemple qu'aux Rois vous donnez pour un homme,
J'aime pour une Reine à le donner à Rome,
Et plus il est nouveau, plus j'ai lieu d'espérer
Que de quelques bontés vous voudrez m'honorer.

BÉRÉNICE

À vous dire le vrai, sa nouveauté m'étonne,
J'aurais eu quelque peine à vous croire si bonne,
Et je recevrais l'offre avec confusion,
Si je n'y soupçonnais un peu d'illusion.
Quoi qu'il en soit, Madame, en cette incertitude,
Qui nous met l'une et l'autre en quelque inquiétude,
Ce que je puis répondre à vos civilités,
C'est de vous demander pour moi mêmes bontés,
Et que celle des deux qui sera satisfaite
Traite l'autre de l'air qu'elle veut qu'on la traite.
J'ai vu Tite se rendre au peu que j'ai d'appas,
Je ne l'espère plus, et n'y renonce pas.
Il peut se souvenir dans ce grade sublime
Qu'il soumit votre Rome en détruisant Solyme[2],
Qu'en ce siège pour lui je hasardai mon rang,

1. *Rois*: les rois d'Orient, qui viendront faire allégeance à l'empereur. – 2. *Solyme*: Vespasien et Titus son fils tirèrent une grande gloire de la prise de Jérusalem, ce qui favorisa leur accession au pouvoir.

Prodiguai mes trésors, et mes peuples leur sang[1],
Et que s'il me fait part[2] de sa toute-puissance,
Ce sera moins un don, qu'une reconnaissance.

DOMITIE

Ce sont là de grands droits, et si l'amour s'y joint,
Je dois craindre une chute à n'en relever point.
Tite y peut ajouter que je n'ai point la gloire
D'avoir sur ma Patrie étendu sa victoire,
De l'avoir saccagée, et détruite à l'envi,
Et renversé l'Autel du Dieu que j'ai servi.
C'est par là qu'il vous doit cette haute fortune,
Mais je commence à voir que je vous importune.
Adieu, quelque autre fois nous suivrons ce discours.

BÉRÉNICE

Je suis venue ici trop tôt de quatre jours,
J'en suis au désespoir, et vous en fais excuse.

DOMITIE

Dans quatre jours, Madame, on verra qui s'abuse.

---

1. *sang*: historiquement, c'est plutôt le frère de Bérénice qui apporta son aide à Titus. – 2. *part*: fait partager.

SCÈNE IV

BÉRÉNICE, PHILON.

BÉRÉNICE

Quel caprice, Philon, l'amène jusqu'ici
M'expliquer elle-même un si cuisant souci ?
Tite après mon départ l'aurait-il maltraitée ?

PHILON

Après votre départ il l'a soudain quittée,
Madame, et s'est défait de cet esprit jaloux
Avec un compliment encor plus court qu'à vous.

BÉRÉNICE

Ainsi tout est égal, s'il me chasse, il la quitte,
Mais ce peu qu'il m'a dit ne peut qu'il ne m'irrite[1],
Il marque trop pour moi son infidélité,
Vois de ses derniers mots quelle est la dureté.
« Qu'on la serve, a-t-il dit, comme elle fut servie
Alors qu'elle faisait le bonheur de ma vie. »
Je ne le fais donc plus ! Voilà ce que j'ai craint :
Il fait en liberté ce qu'il faisait contraint,
Cet ordre de sortir si prompt et si sévère
N'a plus pour s'excuser l'autorité d'un père,
Il est libre, il est maître, il veut tout ce qu'il fait.

---

1. *irrite* : ne peut m'empêcher d'être irritée.

PHILON

Du peu qu'il vous a dit j'attends un autre effet.
Le trouble de vous voir auprès d'une rivale
Voulait pour se remettre[1] un moment d'intervalle,
Et quand il a rompu sitôt vos entretiens,
Je lisais dans ses yeux qu'il évitait les siens,
Qu'il fuyait l'embarras d'une telle présence.
Mais il vient à son tour prendre son audience,
Madame, et vous voyez si j'en sais bien juger.
Songez de quelle sorte il faut le ménager.

SCÈNE V

TITE, BÉRÉNICE, FLAVIAN, PHILON.

BÉRÉNICE

Me cherchez-vous, Seigneur, après m'avoir chassée ?

TITE

Vous avez su mieux lire au fond de ma pensée,
Madame, et votre cœur connaît assez le mien,
Pour me justifier, sans que j'explique rien.

BÉRÉNICE

Mais justifiera-t-il le don qu'il vous plaît faire
De ma propre personne, au Prince votre frère ?

---

1. *remettre* : nécessitait pour qu'il s'en remette.

Et n'est-ce point assez de me manquer de foi,
Sans prendre encor le droit de disposer de moi :
Pouvez-vous jusque-là me bannir de votre âme,
Le pouvez-vous, Seigneur ?

TITE

Le croyez-vous, Madame ?

BÉRÉNICE

Hélas, que j'ai de peur de vous dire que non !
J'ai voulu vous haïr, dès que j'ai su ce don,
Mais à de tels courroux l'âme en vain se confie,
À peine je vous vois, que je vous justifie.
Vous me manquez de foi, vous me donnez, chassez,
Que de crimes ! un mot les a tous effacés.
Faut-il, Seigneur, faut-il que je ne vous accuse,
Que pour dire aussitôt que c'est moi qui m'abuse,
Que pour me voir forcée à répondre pour vous ?
Épargnez cette honte à mon dépit jaloux,
Sauvez-moi du désordre où ma bonté m'expose,
Et du moins par pitié dites-moi quelque chose :
Accusez-moi plutôt, Seigneur, à votre tour,
Et m'imputez pour crime un trop parfait amour.
Vos chimères d'État, vos indignes scrupules
Ne pourront-ils jamais passer pour ridicules ?
En souffrez-vous encor la tyrannique loi ?
Ont-ils encor sur vous plus de pouvoir que moi ?
Du bonheur de vous voir j'ai l'âme si ravie,
Que pour peu qu'il durât j'oublierais Domitie.

Pourrez-vous l'épouser dans quatre jours ? Ô Cieux !
Dans quatre jours ! Seigneur, y voudrez-vous mes yeux ?
Vous plairez-vous à voir qu'en triomphe menée
Je serve de victime à ce grand Hyménée,
Que traînée avec pompe aux marches de l'Autel
J'aille de votre main attendre un coup mortel ?
M'y verrez-vous mourir sans verser une larme ?
Vous y préparez-vous sans trouble, et sans alarme ?
Et si vous concevez l'excès de ma douleur,
N'en rejaillit-il rien jusque dans votre cœur ?

TITE

Hélas, Madame, hélas, pourquoi vous ai-je vue,
Et dans quel contretemps êtes-vous revenue ?
Ce qu'on fit d'injustice à de si chers appas
M'avait assez coûté pour ne l'envier pas,
Votre absence et le temps m'avaient fait quelque grâce
J'en craignais un peu moins les malheurs où je passe,
Je souffrais Domitie, et d'assidus efforts
M'avaient malgré l'amour fait maître du dehors [1],
La contrainte semblait tourner en habitude,
Le joug que je prenais m'en paraissait moins rude
Et j'allais être heureux, du moins aux yeux de tous,
Autant qu'on le peut être en n'étant point à vous,
J'allais...

1. *dehors* : des apparences.

BÉRÉNICE

N'achevez point, c'est là ce qui me tue,
Et je pourrais souffrir votre Hymen à ma vue,
Si vous aviez choisi quelque objet sans éclat
Qui ne pût être à vous que par raison d'État,
Qui de ses grands Aïeux n'eût reçu rien d'aimable,
Qui n'en eût que le nom qui fût considérable.
« Il s'est assez puni de son manque de foi,
Me dirais-je, et son cœur n'en est pas moins à moi. »
Mais Domitie est belle, elle a tout l'avantage
Qu'ajoute un vrai mérite à l'éclat du visage,
Et pour vous épargner les discours superflus,
Elle est digne de vous, si vous ne m'aimez plus.
Elle a toujours charmé le Prince votre frère,
Elle a gagné sur vous de ne vous plus déplaire,
L'Hymen achèvera de me faire oublier,
Elle aura votre cœur, et l'aura tout entier.
Seigneur, faites-moi grâce, épousez Sulpitie,
Ou Camille, ou Sabine, et non pas Domitie,
Choisissez-en quelqu'une enfin dont le bonheur
Ne m'ôte que la main, et me laisse le cœur.

TITE

Domitie aisément souffrirait ce partage,
Ma main satisferait l'orgueil de son courage,
Et pour le cœur, à peine il vous sait en ces lieux,
Qu'il revient tout entier faire hommage à vos yeux.

BÉRÉNICE

N'importe, ayez pitié, Seigneur, de ma faiblesse,
Vous avez un cœur fait à changer de maîtresse,
Vous ne savez que trop l'art de manquer de foi,
Ne l'exercerez-vous jamais que contre moi?

TITE

Domitie est le choix de Rome, et de mon Père,
Ils crurent à propos de l'ôter à mon frère,
De crainte que ce cœur jeune, et présomptueux,
Ne rendît téméraire un Prince impétueux.
Si pour vous obéir je lui suis infidèle,
Rome qui l'a choisie y consentira-t-elle?

BÉRÉNICE

Quoi, Rome ne veut pas, quand vous avez voulu?
Que faites-vous, Seigneur, du pouvoir absolu?
N'êtes-vous dans ce trône où tant de monde aspire
Que pour assujettir l'Empereur à l'Empire?
Sur ses plus hauts degrés Rome vous fait la loi:
Elle affermit, ou rompt le don de votre foi!
Ah! si j'en puis juger sur ce qu'on voit paraître,
Vous en êtes l'esclave, encor plus que le maître.

TITE

Tel est le triste sort de ce rang souverain,
Qui ne dispense pas d'avoir un cœur Romain;
Ou plutôt des Romains tel est le dur caprice

À suivre obstinément une aveugle injustice,
Qui rejetant d'un Roi le nom plus que les lois,
Accepte un Empereur plus puissant que cent Rois.
C'est ce nom seul qui donne à leurs farouches haines
Cette invincible horreur qui passe jusqu'aux Reines,
Jusques à leurs époux, et vos yeux adorés
Verraient de notre Hymen naître cent conjurés.
Encor s'il n'y fallait hasarder que ma vie,
Si ma perte aussitôt de la vôtre suivie...

BÉRÉNICE

Non, Seigneur, ce n'est pas aux Reines comme moi
À hasarder leurs jours pour signaler leur foi.
La plus illustre ardeur de périr l'un pour l'autre
N'a rien de glorieux pour mon rang et le vôtre,
L'amour de nos pareils la traite de fureur,
Et ces vertus d'Amant ne sont pas d'Empereur.
Mes secours en Judée achevèrent l'ouvrage
Qu'avait des Légions ébauché le suffrage :
Il m'est trop précieux pour le mettre au hasard.
Et j'y pouvais, Seigneur, mériter quelque part,
N'était qu'affermissant votre heureuse fortune
Je n'ai fait qu'empêcher qu'elle nous fût commune.
Si j'eusse eu moins pour elle, ou de zèle, ou de foi,
Vous seriez moins puissant, mais vous seriez à moi ;
Vous n'auriez que le nom de Général d'armée,
Mais j'aurais pour époux l'Amant qui m'a charmée,
Et je posséderais dans ma Cour en repos,
Au lieu d'un Empereur, le plus grand des Héros.

TITE

Et bien, Madame, il faut renoncer à ce titre
Qui de toute la Terre en vain me fait l'arbitre ;
Allons dans vos États m'en donner un plus doux,
Ma gloire la plus haute est celle d'être à vous.
Allons où je n'aurai que vous pour Souveraine,
Où vos bras amoureux seront ma seule chaîne,
Où l'Hymen en triomphe à jamais l'éteindra,
Et soit de Rome esclave, et maître qui voudra.

BÉRÉNICE

Il n'est plus temps, ce nom si sujet à l'envie[1]
Ne se quitte jamais, Seigneur, qu'avec la vie,
Et des nouveaux Césars la tremblante fierté
N'ose faire de grâce à ceux qui l'ont porté.
Qui l'a pris une fois est toujours punissable.
Ce fut par là qu'Othon[2] se traita de coupable,
Par là Vitellius mérita le trépas,
Et vous n'auriez partout qu'assassins sur vos pas.

TITE

Que faire donc, Madame ?

BÉRÉNICE

Assurer votre vie,
Et s'il y faut enfin la main de Domitie...

---

1. *envie* : jalousie. – 2. *Othon* : Corneille lui a consacré une tragédie (représentée en 1664). Il y est fait plusieurs fois allusions dans cette scène comme dans la suivante.

Mais, Adieu, sur ce point si vous pouvez douter,
Ce n'est pas moi, Seigneur, qu'il en faut consulter.

TITE, *à Bérénice qui se retire.*

Non, Madame, et dût-il m'en coûter trône et vie,
Vous ne me verrez point épouser Domitie.
Ciel, si vous ne voulez qu'elle règne en ces lieux,
Que vous m'êtes cruel de la rendre à mes yeux !

ACTE IV

SCÈNE PREMIÈRE

BÉRÉNICE, PHILON.

BÉRÉNICE

Avez-vous su, Philon, quel bruit et quel murmure
Fait mon retour à Rome en cette conjoncture ?

PHILON

Oui, Madame, j'ai vu presque tous vos amis,
Et su d'eux quel espoir vous peut être permis.
Il est peu de Romains qui penchent la balance
Vers l'extrême hauteur[1], ou l'extrême indulgence ;

1. *hauteur*: manifestation d'orgueil (national, ici), attitude hautaine (hostile à la reine étrangère qu'est Bérénice).

La plupart d'eux embrasse un avis modéré,
Par qui votre retour n'est pas déshonoré,
Mais à l'Hymen de Tite il vous ferme la porte.
La fière Domitie est partout la plus forte,
La vertu de son père, et son illustre sang
À son ambition assure ce haut rang,
Il est peu sur ce point de voix qui se divisent,
Madame, et quant à vous, voici ce qu'ils en disent :
« Elle a bien servi Rome, il le faut avouer,
L'Empereur et l'Empire ont lieu de s'en louer,
On lui doit des honneurs, des titres sans exemples :
Mais enfin elle est Reine, elle abhorre nos Temples,
Et sert un Dieu jaloux, qui ne peut endurer
Qu'aucun autre que lui se fasse révérer,
Elle traite à nos yeux les nôtres de fantômes.
On peut lui prodiguer des villes, des Royaumes,
Il est des Rois pour elle, et déjà Polémon
De ce Dieu qu'elle adore invoque le seul nom[1] ;
Des nôtres pour lui plaire il dédaigne le culte,
Qu'elle règne avec lui sans nous faire d'insulte.
Si ce trône et le sien ne lui suffisent pas,
Rome est prête d'y joindre encor d'autres États,
Et de faire éclater avec magnificence
Un juste et plein effet de sa reconnaissance. »

BÉRÉNICE

Qu'elle répande ailleurs ces effets éclatants,

---

1. *nom*: Polémon s'était converti au judaïsme pour pouvoir épouser Bérénice.

Et ne m'enlève point le seul où je prétends.
Elle n'a point de part en ce que je mérite,
Elle ne me doit rien, je n'ai servi que Tite :
Si j'ai vu sans douleur mon pays désolé,
C'est à Tite, à lui seul que j'ai tout immolé.
Sans lui, sans l'espérance à mon amour offerte,
J'aurais servi Solyme, ou péri dans sa perte,
Et quand Rome s'efforce à m'arracher son cœur,
Elle sert le courroux d'un Dieu juste vengeur.
Mais achevez, Philon, ne dit-on autre chose ?

PHILON

On parle des périls où votre amour l'expose.
« De cet Hymen, dit-on, les nœuds si désirés
Serviront de prétexte à mille conjurés,
Ils pourront soulever jusqu'à son propre frère.
Il se voulut jadis cantonner[1] contre un père,
N'eût été Mucian qui le tint dans Lyon
Il se faisait le Chef de la rébellion,
Avouait[2] Civilis, appuyait ses Bataves,
Des Gaulois belliqueux soulevait les plus braves,
Et les deux bords du Rhin l'auraient pour Empereur,
Pour peu qu'eût Céréal[3] écouté sa fureur[4]. »
Il aime Domitie, et règne dans son âme,
Si Tite ne l'épouse, il en fera sa femme,

---

1. *cantonner* : se fortifier (éventuellement dans une place forte, pour préparer une rébellion). – 2. *avouait* : approuvait. – 3. *Céréal* : Cérialis, général de l'armée romaine en guerre contre le Batave Civilis. – 4. *fureur* : folie.

Vous savez de tous deux quelle est l'ambition,
Jugez ce qui peut suivre une telle union.

BÉRÉNICE

Ne dit-on rien de plus ?

PHILON

Ah, Madame, je tremble
À vous dire encor...

BÉRÉNICE

Quoi ?

PHILON

Que le Sénat s'assemble.

BÉRÉNICE

Quelle est l'occasion qui le fait assembler ?

PHILON

L'occasion n'a rien qui vous doive troubler,
Et ce n'est qu'à dessein de pourvoir aux dommages,
Que du Vésuve ardent ont causés les ravages ;
Mais Domitie aura des amis, des parents,
Qui pourront bien après vous mettre sur les rangs[1].

---

1. *rangs* : faire porter les débats sur vous.

BÉRÉNICE

Quoi que sur mes destins ils usurpent d'empire,
Je ne vois pas leur maître en état d'y souscrire.
Philon, laissons-les faire ; ils n'ont qu'à me bannir,
Pour trouver hautement l'art de me retenir,
Contre toutes leurs voix je ne veux qu'un suffrage,
Et l'ardeur de me nuire achèvera l'ouvrage.
Ce n'est pas qu'en effet la gloire où je prétends
N'offre trop de prétexte aux esprits mécontents.
Je ne puis jeter l'œil sur ce que je suis née
Sans voir que de périls suivront cet Hyménée,
Mais pour y parvenir s'il faut trop hasarder,
Je veux donner le bien que je n'ose garder,
Je veux du moins, je veux ôter à ma rivale
Ce miracle vivant, cette âme sans égale,
Qu'en dépit des Romains leur digne Souverain,
S'il prend une moitié, la prenne de ma main,
Et pour tout dire enfin, je veux que Bérénice
Ait une créature en leur Impératrice.
Je vois Domitian, contre tous leurs Arrêts
Il n'est pas malaisé d'unir nos intérêts.

SCÈNE II

DOMITIAN, BÉRÉNICE, PHILON, ALBIN.

BÉRÉNICE

Auriez-vous au Sénat, Seigneur, assez de brigue[1],

---

1. *brigue* : menées secrètes (qui confèrent un certain pouvoir).

Pour combattre et confondre[1] une insolente ligue ?
S'il ne s'assemble pas exprès pour m'exiler,
J'ai quelques envieux qui pourront en parler.
L'exil m'importe peu, j'y suis accoutumée ;
Mais vous perdez l'objet dont votre âme est charmée :
L'audacieux décret de mon bannissement
Met votre Domitie aux bras d'un autre Amant,
Et vous pourrez juger que s'il faut qu'on m'exile
Sa conquête pour vous n'en est pas plus facile.
Voyez si votre amour se veut laisser ravir
Cet unique secours qui pourrait le servir.

DOMITIAN

On en pourra parler, Madame, et mon ingrate
En a déjà conçu quelque espoir qui la flatte ;
Mais je puis dire aussi que le rang que je tiens
M'a fait assez d'amis pour opposer aux siens,
Et que si dès l'abord ils ne les font pas taire,
Ils rompront le grand coup qui seul nous peut déplaire.
Non que tout cet espoir ne coure grand hasard,
Si votre Amant volage y prend la moindre part,
On l'aime, et si son ordre à nos amis s'oppose,
Leur plus fidèle ardeur osera peu de chose.

BÉRÉNICE

Ah, Prince ! je mourrai de honte, et de douleur,
Pour peu qu'il contribue à faire mon malheur :

---

1. *confondre* : abattre.

Mais je n'ai qu'à le voir pour calmer ces alarmes.

DOMITIAN

N'y perdez point de temps, portez-y tous vos charmes,
N'en oubliez aucun dans un péril si grand.
Peut-être ainsi que vous ce dessein le surprend ;
Mais je crains qu'après tout son âme irrésolue
Ne relâche un peu trop sa puissance absolue,
Et ne laisse au Sénat décider de ses vœux,
Pour se faire une excuse envers l'une des deux.

BÉRÉNICE

Quelques efforts qu'on fasse, et quelque art qu'on [déploie,
Je vous réponds de tout, pourvu que je le voie,
Et je ne crois pas même au pouvoir de vos Dieux
De lui faire épouser Domitie à mes yeux.
Si vous l'aimez encor, ce mot vous doit suffire.
Quant au Sénat, qu'il m'ôte, ou me donne l'Empire,
Je ne vous dirai point à quoi je me résous.
Voici votre inconstante. Adieu, pensez à vous.

SCÈNE III

DOMITIAN, DOMITIE, ALBIN, PLAUTINE.

DOMITIE

Prince, si vous m'aimez, l'occasion est belle.

DOMITIAN

Si je vous aime ? Est-il un Amant plus fidèle ?
Mais, Madame, sachons ce que vous souhaitez.

DOMITIE

Vous me servirez mal, puisque vous en doutez.
L'Amant digne du cœur de la beauté qu'il aime
Sait mieux ce qu'elle veut, que ce qu'il veut lui-même.
Mais puisque j'ai besoin d'expliquer mon courroux,
J'en veux à Bérénice, à l'Empereur, à vous.
À lui, qui n'ose plus m'aimer en sa présence,
À vous, qui vous mettez de leur intelligence,
Et dont tous les amis vont servir un amour
Qui me rend à vos yeux la Fable[1] de la Cour.
Si vous m'aimez, Seigneur, il faut sauver ma gloire,
M'assurer par vos soins une pleine victoire.
Il faut...

1. *Fable* : qui me fait être le sujet de plaisanterie de la cour.

DOMITIAN

Si vous croyez votre bonheur douteux,
Votre retour vers moi serait-il si honteux ?
Suis-je indigne de vous ? Suis-je si peu de chose,
Que toute votre gloire à mon amour s'oppose ?
Ne voit-on plus en moi ce que vous estimiez,
Et suis-je moindre enfin, qu'alors que vous m'aimiez ?

DOMITIE

Non, mais un autre espoir va m'accabler de honte,
Quand le trône m'attend, si Bérénice y monte.
Délivrez-en mes yeux et prêtez-moi la main
Du moins à soutenir l'honneur du nom Romain.
De quel œil verrez-vous qu'une Reine étrangère...

DOMITIAN

De l'œil dont je verrais que l'Empereur mon frère
En prît d'autres pour vous, ranimât mon espoir,
Et pour se rendre heureux, usât de son pouvoir.

DOMITIE

Ne vous y trompez pas, s'il me donne le change,
Je ne suis point à vous, je suis à qui me venge,
Et trouverai peut-être à Rome assez d'appui
Pour me venger de vous aussi bien que de lui.

DOMITIAN

Et c'est du nom Romain la gloire qui vous touche,

Madame? et vous l'avez au cœur comme en la bouche?
Ah, que le nom de Rome est un nom précieux
Alors qu'en la servant on se sert encor mieux,
Qu'avec nos intérêts ce grand devoir conspire,
Et que pour récompense on se promet l'Empire!
Parlons à cœur ouvert, Madame, et dites-moi
Quel fruit je dois attendre enfin d'un tel emploi.

DOMITIE

Voulez-vous pour servir être sûr du salaire,
Seigneur, et n'avez-vous qu'un amour mercenaire?

DOMITIAN

Je n'en connais point d'autre, et ne conçois pas bien
Qu'un Amant puisse plaire, en ne prétendant rien.

DOMITIE

Que ces prétentions sentent les âmes basses!

DOMITIAN

Les Dieux à qui les sert font espérer des grâces.

DOMITIE

Les exemples des Dieux s'appliquent mal sur nous.

DOMITIAN

Je ne veux donc, Madame, autre exemple que vous.

N'attendez-vous de Tite, et n'avez-vous pour Tite
Qu'une stérile ardeur qui s'attache au mérite ?
De vos destins aux siens pressez-vous l'union,
Sans vouloir aucun fruit de tant de passion ?

DOMITIE

Peut-être en ce dessein ne suis-je intéressée
Que par l'intérêt seul de ma gloire blessée :
Croyez-moi généreuse[1], et soyez généreux,
N'aimez plus, ou n'aimez que comme je le veux.
Je sais ce que je dois à l'Amant qui m'oblige[2],
Mais j'aime qu'on l'attende, et non pas qu'on l'exige,
Et qui peut immoler son intérêt au mien
Peut se promettre tout de qui ne promet rien.
Peut-être qu'en l'état où je suis avec Tite,
Je veux bien le quitter, mais non pas qu'il me quitte :
Vous en dis-je trop peu pour vous l'imaginer ?
Et depuis quand l'amour n'ose-t-il deviner ?
Tous mes emportements pour la grandeur suprême
Ne vous déguisent point, Seigneur, que je vous aime,
Et l'on ne voit que trop quel droit j'ai de haïr
Un Empereur sans foi qui meurt de me trahir.
Me condamnerez-vous à voir que Bérénice
M'enlève de hauteur[3] le rang d'Impératrice ?
Lui pourrez-vous aider à me perdre d'honneur ?

1. *généreuse* : qui a de nobles sentiments. – 2. *oblige* : qui me lie à lui par la reconnaissance. – 3. *hauteur* : de haute lutte.

DOMITIAN

Ne pouvez-vous le mettre à faire mon bonheur ?

DOMITIE

J'ai quelque orgueil encor, Seigneur, je le confesse,
De tout ce qu'il attend rendez-moi la maîtresse,
Et laissez à mon choix l'effet de votre espoir :
Que ce soit une grâce, et non pas un devoir,
Et que...

DOMITIAN

Me faire grâce après tant d'injustice !
De tant de vains détours je vois trop l'artifice,
Et ne saurais douter du choix que vous ferez,
Quand vous aurez par moi ce que vous espérez.
Épousez, j'y consens, le rang de Souveraine,
Faites l'Impératrice en donnant une Reine,
Disposez de sa main, et pour première loi,
Madame, ordonnez-lui d'abaisser l'œil sur moi.

DOMITIE

Cet objet de ma haine a pour vous quelque charme !

DOMITIAN

Son nom seul prononcé vous a mise en alarme !
Me puis-je mieux venger, si vous me trahissez,
Que d'aimer à vos yeux ce que vous haïssez ?

DOMITIE

Parlons à cœur ouvert. Aimez-vous Bérénice ?

DOMITIAN

Autant qu'il faut l'aimer, pour vous faire un supplice.

DOMITIE

Ce sera donc le vôtre encor plus que le mien.
Après cela, Seigneur, je ne vous dis plus rien.
S'il n'a pas pour votre âme une assez rude gêne,
J'y puis joindre au besoin une implacable haine.

DOMITIAN

Et moi, dût à jamais croître ce grand courroux,
J'épouserai, Madame, ou Bérénice, ou vous.

DOMITIE

Ou Bérénice, ou moi ? La chose est donc égale,
Et vous ne m'aimez plus, qu'autant que ma rivale ?

DOMITIAN

La douleur de vous perdre, hélas...

DOMITIE

C'en est assez ;
Nous verrons cet amour dont vous nous menacez.
Cependant si la Reine aussi fière que belle

Sait comme il faut répondre aux vœux d'un infidèle
Ne me rapportez point l'objet de son dédain,
Qu'elle[1] n'ait repassé les rives du Jourdain.

SCÈNE IV

DOMITIAN, ALBIN.

DOMITIAN

Admire ainsi que moi de quelle jalousie
Au seul nom de la Reine elle a paru saisie,
Comme s'il importait à ses heureux appas
À qui je donne un cœur dont elle ne veut pas.

ALBIN

Seigneur, telle est l'humeur de la plupart des femmes
L'amour sous leur empire eût-il rangé mille âmes,
Elles regardent tout comme leur propre bien,
Et ne peuvent souffrir qu'il leur échappe rien.
Un captif mal gardé leur semble une infamie,
Qui l'ose recevoir devient leur ennemie,
Et sans leur faire un vol on ne peut disposer
D'un cœur qu'un autre choix les force à refuser :
Elles veulent qu'ailleurs par leur ordre il soupire,
Et qu'un don de leur part marque un reste d'empire.
Domitie a pour vous ces communs sentiments
Que les fières beautés ont pour tous leurs Amants,

1. *elle* : avant qu'elle.

Et craint, si votre main se donne à Bérénice,
Qu'elle ne porte en vain le nom d'Impératrice,
Quand d'un côté l'Hymen, et de l'autre l'amour
Feront à cette Reine un empire en sa Cour.
Voilà sa jalousie, et ce qu'elle redoute,
Seigneur. Pour le Sénat, n'en soyez point en doute,
Il aime l'Empereur, et l'honore à tel point,
Qu'il servira sa flamme, ou n'en parlera point.
Pour le stupide Claude il eut bien la bassesse
D'autoriser l'Hymen de l'oncle avec la nièce[1];
Il ne fera pas moins pour un Prince adoré,
Et je l'y tiens déjà, Seigneur, tout préparé.

DOMITIAN

Tu parles du Sénat, et je veux parler d'elle,
De l'ingrate qu'un trône a rendue infidèle.
N'est-il point de moyens, ne vois-tu point de jour[2]
À mettre enfin d'accord sa gloire, et son amour ?

ALBIN

Tout dépendra de Tite, et du secret office
Qu'il peut dans le Sénat rendre à sa Bérénice ;
L'air dont il agira pour un espoir si doux
Tournera l'Assemblée, ou pour, ou contre vous,
Et si sa Politique à vos amis s'oppose,
Vous l'avez dit vous-même, ils pourront peu de chose.

---

1. *nièce* : le Sénat permit à l'empereur Claude d'épouser sa nièce Agrippine, la mère de Néron. – 2. *jour* : solution pour mettre d'accord...

Sondez ses sentiments, et réglez-vous sur eux :
Votre bonheur est sûr, s'il consent d'être heureux.
Que si son choix balance, ou flatte mal le vôtre,
Demandez Bérénice, afin d'obtenir l'autre :
Vous l'avez déjà vu sensible à de tels coups,
Et c'est un grand ressort qu'un peu d'amour jaloux.
Au moindre empressement pour cette belle Reine
Il vous fera justice, et reprendra sa chaîne.
Songez à pénétrer ce qu'il a dans l'esprit,
Le voici.

DOMITIAN

Je suivrai ce que ton zèle en dit.

SCÈNE V

TITE, DOMITIAN, FLAVIAN, ALBIN.

TITE

Avez-vous regagné le cœur de votre ingrate,
Mon frère ?

DOMITIAN

Sa fierté de plus en plus éclate,
Voyez s'il fut jamais orgueil pareil au sien.
Il veut que je la serve, et ne prétende rien,
Que j'appuie en l'aimant toute son injustice,
Que je fasse de Rome exiler Bérénice.

Mais, Seigneur, à mon tour puis-je vous demander
Ce qu'à vos plus doux vœux il vous plaît d'accorder ?

TITE

J'aurai peine à bannir la Reine de ma vue.
Par quels ordres, grands Dieux, est-elle revenue ?
Je souffrais, mais enfin je vivais sans la voir,
J'allais...

DOMITIAN

N'avez-vous pas un absolu pouvoir,
Seigneur ?

TITE

Oui, mais j'en suis comptable à tout le monde,
Comme dépositaire il faut que j'en réponde,
Un Monarque a souvent des lois à s'imposer,
Et qui veut pouvoir tout, ne doit pas tout oser.

DOMITIAN

Que refuserez-vous aux désirs de votre âme,
Si le Sénat approuve une si belle flamme ?

TITE

Qu'il parle du Vésuve, et ne se mêle pas
De jeter dans mon âme un nouvel embarras.
Est-ce à lui d'abuser de mon inquiétude,
Jusqu'à mettre une borne à son incertitude ?

Et s'il ose en mon choix prendre quelque intérêt,
Me croit-il en état d'en croire son Arrêt ?
S'il exile la Reine, y pourrai-je souscrire ?

DOMITIAN

S'il parle en sa faveur, pourrez-vous l'en dédire ?
Ah, que je vous plaindrais d'avoir si peu d'amour !

TITE

J'en ai trop, et le mets peut-être trop au jour.

DOMITIAN

Si vous en aviez tant, vous auriez peu de peine
À rendre Domitie à sa première chaîne.

TITE

Ah, s'il ne s'agissait que de vous la céder
Vous auriez peu de peine à me persuader,
Et pour vous rendre heureux me rendre à Bérénice
Ne serait pas vous faire un fort grand sacrifice.
Il y va de bien plus.

DOMITIAN

De quoi, Seigneur ?

TITE

De tout.

Il y va d'épouser sa haine jusqu'au bout,
D'en suivre la furie, et d'être le ministre
De ce qu'un noir dépit conçoit de plus sinistre,
Et peut-être l'aigreur de ces inimitiés
Voudra que je vous perde, ou que vous me perdiez.
Voilà ce qui peut suivre un si doux Hyménée.
Vous voyez dans l'orgueil Domitie obstinée :
Quand pour moi cet orgueil ose vous dédaigner,
Elle ne m'aime pas, elle cherche à régner ;
Avec vous, avec moi, n'importe la manière,
Tout plairait à ce prix à son humeur altière,
Tout serait digne d'elle, et le nom d'Empereur
À mon assassin même attacherait son cœur.

DOMITIAN

Pouvez-vous mieux choisir un frein à sa colère,
Seigneur, que de la mettre entre les mains d'un frère ?

TITE

Non, je ne puis la mettre en de plus sûres mains,
Mais plus vous m'êtes cher, Prince, et plus je vous
[crains.
De ceux qu'unit le sang plus douces sont les chaînes,
Plus leur désunion met d'aigreur dans leurs haines,
L'offense en est plus rude, et le courroux plus grand,
La suite plus barbare, et l'effet plus sanglant,
La nature en fureur s'abandonne à tout faire,
Et cinquante ennemis sont moins haïs qu'un frère.
Je ne réveille point des soupçons assoupis,

Et veux bien oublier le temps de Civilis[1],
Vous étiez encor jeune, et sans vous bien connaître
Vous pensiez n'être né que pour vivre sans maître :
Mais les occasions renaissent aisément,
Une femme est flatteuse[2], un Empire est charmant,
Et comme avec plaisir on s'en laisse surprendre,
On néglige bientôt les soins de s'en défendre.
Croyez-moi, séparez vos intérêts des siens.

DOMITIAN

Et bien, j'en briserai les dangereux liens,
Pour votre sûreté j'accepte ce supplice ;
Mais pour m'en consoler donnez-moi Bérénice :
Dût le Sénat, dût Rome en frémir de courroux,
Vous n'osez l'épouser, j'oserai plus que vous.
Je l'aime, et l'aimerai si votre âme y renonce.
Quoi ? n'osez-vous, Seigneur, me faire de réponse ?

TITE

Se donne-t-elle à vous, et ne tient-il qu'à moi ?

DOMITIAN

Elle a droit d'imiter qui lui manque de foi.

---

1. *Civilis* : voir v. 1095 et suivants. – 2. *flatteuse* : qui berce d'illusions.

TITE

Elle n'en a que trop, et toutefois je doute
Que son amour trahi prenne la même route.

DOMITIAN

Mais si pour se venger elle répond au mien ?

TITE

Épousez-la, mon frère, et ne m'en dites rien.

DOMITIAN

Et si je regagnais l'esprit de Domitie ?
Si pour moi sa fierté se montrait adoucie ?
Si mes vœux, si mes soins en étaient mieux reçus,
Seigneur ?

TITE, *en rentrant.*

Épousez-la sans m'en parler non plus.

DOMITIAN

Allons, et malgré lui rendons-lui Bérénice.
Albin, de nos projets son amour est complice,
Et puisqu'il l'aime assez pour en être jaloux,
Malgré l'ambition Domitie est à nous.

ACTE V

SCÈNE PREMIÈRE

TITE, FLAVIAN.

TITE

As-tu vu Bérénice ? aime-t-elle mon frère,
Et se plaît-elle à voir qu'il tâche de lui plaire ?
Me la demande-t-il de son consentement ?

FLAVIAN

Ne la soupçonnez point d'un si bas sentiment ;
Elle n'en peut souffrir, non pas même la feinte.

TITE

As-tu dans son cœur encor la même atteinte ?

FLAVIAN

Elle veut vous parler, c'est tout ce que j'en sais.

TITE

Faut-il de son pouvoir faire un nouvel essai !

FLAVIAN

M'en croirez-vous, Seigneur, évitez sa présence,

Ou mettez-vous contre elle un peu mieux en défense.
Quel fruit espérez-vous de tout son entretien ?

TITE

L'en aimer davantage, et ne résoudre rien.

FLAVIAN

L'irrésolution doit-elle être éternelle ?
Vous ne me dites plus que Domitie est belle,
Seigneur, vous qui disiez que ses seules beautés
Vous peuvent consoler de ce que vous quittez,
Qu'elle seule en ses yeux porte de quoi contraindre
Vos feux à s'assoupir, s'ils ne peuvent s'éteindre.

TITE

Je l'ai dit, il est vrai, mais j'avais d'autres yeux,
Et je ne voyais pas Bérénice en ces lieux.

FLAVIAN

Quand aux feux les plus beaux un Monarque défère[1],
Il s'en fait un plaisir, et non pas une affaire[2],
Et regarde l'amour comme un lâche attentat[3],
Dès qu'il veut prévaloir sur la raison d'État.
Son grand cœur au-dessus des plus dignes amorces[4]
À ses devoirs pressants laisse toutes leurs forces,

1. *défère* : s'abandonne. – 2. *affaire* : souci. – 3. *attentat* : acte commis contre l'autorité établie (sens plus large qu'aujourd'hui). – 4. *amorces* : attraits.

Et son plus doux espoir n'ose lui demander
Ce que sa Dignité ne lui peut accorder.

TITE

Je sais qu'un Empereur doit parler ce langage,
Et quand il l'a fallu, j'en ai dit davantage,
Mais de ces duretés que j'étale à regret,
Chaque mot à mon cœur coûte un soupir secret,
Et quand à la raison j'accorde un tel empire,
Je le dis seulement, parce qu'il le faut dire,
Et qu'étant au-dessus de tous les Potentats,
Il me serait honteux de ne le dire pas.
De quoi s'enorgueillit un Souverain de Rome,
Si par respect pour elle il doit cesser d'être homme,
Éteindre un feu qui plaît, ou ne le ressentir,
Que pour s'en faire honte, et pour le démentir ?
Cette toute-puissance est bien imaginaire,
Qui s'asservit soi-même à la peur de déplaire,
Qui laisse au goût public régler tous ses projets,
Et prend le plus haut rang, pour craindre ses Sujets.
Je ne me donne point d'empire sur leurs âmes,
Je laisse en liberté leurs soupirs, et leurs flammes,
Et quand d'un bel objet j'en vois quelqu'un charmé,
J'applaudis au bonheur d'aimer, et d'être aimé.
Quand je l'obtiens du Ciel, me portent-ils envie ?
Qu'ont d'amer pour eux tous les douceurs de ma vie ?
Et par quel intérêt...

FLAVIAN

Ils perdraient tout en vous ;
Vous faites le bonheur, et le salut de tous,
Seigneur, et l'Univers de qui vous êtes l'âme...

TITE

Ne perds plus de raisons à combattre ma flamme,
Les yeux de Bérénice inspirent des avis,
Qui persuadent mieux que tout ce que tu dis.

FLAVIAN

Ne vous exposez donc qu'à ceux de Domitie.

TITE

Je n'ai plus, Flavian, que quatre jours de vie,
Pourquoi prends-tu plaisir à les tyranniser ?

FLAVIAN

Mais vous savez qu'il faut la perdre, ou l'épouser ?

TITE

En vain donc à ses vœux tout mon amour s'oppose,
Périr, ou faire un crime, est pour moi même chose.
Laissons-lui toutefois soulever des mutins,
Hasardons sur la foi de nos heureux Destins,
Ils m'ont promis la Reine, et doivent à ses charmes
Tout ce qu'ils ont soumis à l'effort de mes armes.

Par elle j'ai vaincu, pour elle il faut périr.

FLAVIAN

Seigneur...

TITE

Oui, Flavian, c'est à faire à mourir[1].
La vie est peu de chose, et tôt ou tard, qu'importe
Qu'un traître me l'arrache, ou que l'âge l'emporte ?
Nous mourons à toute heure, et dans le plus doux sort
Chaque instant de la vie est un pas vers la mort.

FLAVIAN

Flattez mieux les désirs de votre ambitieuse,
Et ne la changez pas de fière en furieuse.
Elle vient vous parler.

TITE

Dieux, quel comble d'ennuis !

---

1. *mourir* : il y a là péril de mort.

SCÈNE II

TITE, DOMITIE, FLAVIAN, PLAUTINE.

DOMITIE

Je viens savoir de vous, Seigneur, ce que je suis.
J'ai votre foi pour gage, et mes Aïeux pour marques
Du grand droit de prétendre au plus grand des
[Monarques,
Mais Bérénice est belle, et des yeux si puissants
Renversent aisément des droits si languissants[1].
Ce grand jour qui devait unir mon sort au vôtre
Servira-t-il, Seigneur, au triomphe d'une autre?

TITE

J'ai quatre jours encor pour en délibérer,
Madame, jusque-là laissez-moi respirer.
C'est peu de quatre jours pour un tel sacrifice,
Et s'il faut à vos droits immoler Bérénice,
Je ne vous réponds pas que Rome, et tous vos droits
Puissent en quatre jours m'en imposer les lois.

DOMITIE

Il n'en faudrait pas tant, Seigneur, pour vous résoudre
À lancer sur ma tête un dernier coup de foudre,
Si vous ne craigniez point qu'il rejaillît sur vous.

---

1. *languissants*: affaiblis, de peu de poids.

TITE

Suspendez quelque temps encor ce grand courroux.
Puis-je étouffer sitôt une si belle flamme ?

DOMITIE

Quoi, vous ne pouvez pas ce que peut une femme ?
Que vous me rendez mal ce que vous me devez !
J'ai brisé de beaux fers[1], Seigneur, vous le savez,
Et mon âme sensible à l'amour comme une autre
En étouffe un, peut-être aussi fort que le vôtre.

TITE

Peut-être auriez-vous peine à le bien étouffer,
Si votre ambition n'en savait triompher ?
Moi, qui n'ai que les Dieux au-dessus de ma tête,
Qui ne vois plus de rang digne de ma conquête,
Du trône où je me sieds, puis-je aspirer à rien
Qu'à posséder un cœur qui n'aspire, qu'au mien ?
C'est là de mes pareils la noble inquiétude,
L'ambition remplie y jette leur étude,
Et sitôt qu'à prétendre elle n'a plus de jour[2],
Elle abandonne un cœur tout entier à l'amour.

1. *fers* : son amour pour Domitian. – 2. *jour* : dès qu'elle n'a plus rien à conquérir.

DOMITIE

Elle abandonne ainsi le vôtre à cette Reine
Qui cherche une grandeur encor plus souveraine.

TITE

Non, Madame, je veux que vous sortiez d'erreur.
Bérénice aime Tite, et non pas l'Empereur,
Elle en veut à mon cœur, et non pas à l'Empire.

DOMITIE

D'autres avaient déjà pris soin de me le dire,
Seigneur, et votre Reine a le goût délicat,
De n'en vouloir qu'au cœur, et non pas à l'éclat.
Cet amour épuré que Tite seul lui donne
Renoncerait au rang pour être à la personne :
Mais on a beau, Seigneur, raffiner sur ce point,
La personne et le rang ne se séparent point.
Sous les tendres brillants de cette noble amorce
L'ambition cachée attaque, presse, force,
Par là de ses projets elle vient mieux à bout,
Elle ne prétend rien, et s'empare de tout,
L'art est grand, mais enfin je ne sais s'il mérite
La bouche d'une Reine, et l'oreille de Tite.
Pour moi j'aime autrement, et tout me charme en vous,
Tout m'en est précieux, Seigneur, tout m'en est doux,
Je ne sais point si j'aime, ou l'Empereur, ou Tite,
Si je m'attache au rang, ou n'en veux qu'au mérite,
Mais je sais qu'en l'état où je suis aujourd'hui
J'applaudis à mon cœur de n'aspirer qu'à lui.

TITE

Mais me le donnez-vous tout ce cœur qui n'aspire,
En se tournant vers moi, qu'aux honneurs de l'Empire ?
Suit-il l'ambition en dépit de l'amour,
Madame ? la suit-il sans espoir de retour ?

DOMITIE

Si c'est à mon égard ce qui vous inquiète,
Le cœur se rend bientôt quand l'âme est satisfaite,
Nous le défendons mal de qui remplit nos vœux,
Un moment dans le trône éteint tous autres feux,
Et donner tout ce cœur souvent ce n'est que faire
D'un trésor invisible un don imaginaire.
À l'amour vraiment noble il suffit du dehors,
Il veut bien du dedans ignorer les ressorts,
Il n'a d'yeux que pour voir ce qui s'offre à la vue,
Tout le reste est pour eux une terre inconnue,
Et sans importuner le cœur d'un Souverain,
Il a tout ce qu'il veut quand il en a la main.
Ne m'ôtez pas la vôtre, et disposez du reste,
Le cœur a quelque chose en soi de tout céleste,
Il n'appartient qu'aux Dieux, et comme c'est leur choix,
Je ne veux point, Seigneur, attenter sur leurs droits.

TITE

Et moi, qui suis des Dieux la plus visible image,
Je veux ce cœur comme eux, et j'en veux tout [l'hommage.
Mais vous n'en avez plus, Madame, à me donner,

Vous ne voulez ma main, que pour vous couronner,
D'autres pourront un jour vous rendre ce service[1] !
Cependant pour régler le sort de Bérénice,
Vous pouvez faire agir vos amis au Sénat,
Ils peuvent m'y nommer lâche, parjure, ingrat,
J'attendrai son Arrêt, et le suivrai peut-être.

DOMITIE

Suivez-le, mais tremblez, s'il flatte trop son maître.
Ce grand corps tous les ans change d'âme, et de cœurs,
C'est le même Sénat, et d'autres Sénateurs.
S'il alla pour Néron jusqu'à l'idolâtrie,
Il le traita depuis de traître à sa Patrie,
Et réduisit ce Prince indigne de son rang
À la nécessité de se percer le flanc.
Vous êtes son amour, craignez d'être sa haine,
Après l'indignité d'épouser une Reine.
Vous avez quatre jours pour en délibérer,
J'attends le coup fatal que je ne puis parer,
Adieu, si vous l'osez, contentez votre envie,
Mais en m'ôtant l'honneur, n'épargnez pas ma vie.

---

1. *service* : elle sera plus tard impératrice, comme épouse de Domitian.

SCÈNE III

TITE, FLAVIAN.

TITE

L'impétueux esprit ! Conçois-tu, Flavian,
Où pourraient ses fureurs porter Domitian ?
Et de quelle importance est pour moi l'Hyménée
Où par tous mes désirs je la sens condamnée ?

FLAVIAN

Je vous l'ai déjà dit, Seigneur, pensez-y bien,
Et sur tout de la Reine évitez l'entretien,
Redoutez... Mais elle entre, et sa moindre tendresse
De toutes nos raisons va montrer la faiblesse.

SCÈNE IV

TITE, BÉRÉNICE, PHILON, FLAVIAN.

TITE

Et bien, Madame, et bien, faut-il tout hasarder,
Et venez-vous ici pour me le commander ?

BÉRÉNICE

De ce qui m'est permis je sais mieux la mesure,
Seigneur, et j'ai pour vous une flamme trop pure,

Pour vouloir en faveur d'un zèle ambitieux
Mettre au moindre péril des jours si précieux.
Quelque pouvoir sur moi que notre amour obtienne,
J'ai soin de votre gloire, ayez-en de la mienne,
Je ne demande plus que pour de si beaux feux,
Votre absolu pouvoir hasarde un «Je le veux»,
Cet amour le voudrait, mais comme je suis Reine,
Je sais des Souverains la raison Souveraine.
Si l'ardeur de vous voir l'a voulu ignorer,
Si mon indigne exil s'est permis d'espérer,
Si j'ai rentré dans Rome avec quelque imprudence,
Tite à ce trop d'ardeur doit un peu d'indulgence.
Souffrez qu'un peu d'éclat pour prix de tant d'amour
Signale ma venue, et marque mon retour.
Voudrez-vous que je parte avec l'ignominie
De ne vous avoir vu, que pour me voir bannie?
Laissez-moi la douceur de languir en ces lieux,
D'y soupirer pour vous, d'y mourir à vos yeux,
C'en sera bientôt fait, ma douleur est trop vive
Pour y tenir longtemps votre attente captive,
Et si je tarde trop à mourir de douleur,
J'irai loin de vos yeux terminer mon malheur.
Mais laissez-m'en choisir la funeste journée,
Et du moins jusque-là, Seigneur, point d'Hyménée.
Pour votre ambitieuse avez-vous tant d'amour,
Que vous ne le puissiez différer d'un seul jour?
Pouvez-vous refuser à ma douleur profonde...

TITE

Hélas, que voulez-vous que la mienne réponde,

Et que puis-je résoudre alors que vous parlez,
Moi, qui ne puis vouloir que ce que vous voulez?
Vous parlez de languir, de mourir à ma vue,
Mais, ô Dieux! songez-vous que chaque mot me tue,
Et porte dans mon cœur de si sensibles coups,
Qu'il ne m'en faut plus qu'un, pour mourir avant vous?
De ceux qui m'ont percé souffrez que je soupire,
Pourquoi partir, Madame, et pourquoi me le dire?
Ah, si vous vous forcez d'abandonner ces lieux,
Ne m'assassinez point de vos cruels Adieux.
Je vous suivrais, Madame, et flatté de l'idée
D'oser mourir à Rome et revivre en Judée,
Pour aller de mes feux vous demander le fruit,
Je quitterais l'Empire, et tout ce qui leur nuit.

BÉRÉNICE

Daigne me préserver le Ciel...

TITE

De quoi, Madame?

BÉRÉNICE

De voir tant de faiblesse en une si grande âme.
Si j'avais droit par là de vous moins estimer,
Je cesserais peut-être aussi de vous aimer.

TITE

Ordonnez donc enfin ce qu'il faut que je fasse.

BÉRÉNICE

S'il faut partir demain, je ne veux qu'une grâce ;
Que ce soit vous, Seigneur, qui le veuilliez pour moi,
Et non votre Sénat qui m'en fasse la loi ;
Faites-lui souvenir, quoi qu'il craigne, ou projette,
Que je suis son amie, et non pas sa Sujette,
Que d'un tel attentat notre rang est jaloux,
Et que tout mon amour ne m'asservit qu'à vous.

TITE

Mais peut-être, Madame...

BÉRÉNICE

Il n'est point de peut-être,
Seigneur, s'il en décide, il se fait voir mon maître,
Et dût-il vous porter à tout ce que je veux,
Je ne l'ai point choisi pour juge de mes vœux.

SCÈNE V ET DERNIÈRE

TITE, BÉRÉNICE, DOMITIAN, ALBIN, FLAVIAN, PHILON.

Domitian entre.

TITE

Allez dire au Sénat, Flavian, qu'il se lève,
Quoi qu'il ait commencé, je défends qu'il achève.

Soit qu'il parle à présent du Vésuve, ou de moi,
Qu'il cesse, et que chacun se retire chez soi.
Ainsi le veut la Reine, et comme Amant fidèle,
Je veux qu'il obéisse aux lois que je prends d'elle,
Qu'il laisse à notre amour régler notre intérêt.

DOMITIAN

Il n'est plus temps, Seigneur, j'en apporte l'Arrêt.

TITE

Qu'ose-t-il m'ordonner ?

DOMITIAN

Seigneur, il vous conjure
De remplir tout l'espoir d'une flamme si pure.
Des services rendus à vous, à tout l'État,
C'est le prix qu'a jugé lui devoir le Sénat,
Et pour ne vous prier que pour une Romaine,
D'une commune voix Rome adopte la Reine,
Et le peuple à grands cris montre sa passion
De voir un plein effet de cette adoption.

TITE

Madame...

BÉRÉNICE

Permettez, Seigneur, que je prévienne[1]

---

1. *prévienne* : empêche (en prenant les devants).

Ce que peut votre flamme accorder à la mienne.
Grâces au juste Ciel, ma gloire en sûreté
N'a plus à redouter aucune indignité,
J'éprouve du Sénat l'amour, et la justice,
Et n'ai qu'à le vouloir, pour être Impératrice.
Je n'abuserai point d'un surprenant respect,
Qui semble un peu bien prompt pour n'être point
[suspect.
Souvent on se dédit de tant de complaisance,
Non que vous ne puissiez en fixer l'inconstance;
Si nous avons trop vu ses flux, et ses reflux
Pour Galba, pour Othon, et pour Vitellius,
Rome, dont aujourd'hui vous êtes les délices,
N'aura jamais pour vous ces insolents caprices;
Mais aussi cet amour qu'a pour vous l'Univers
Ne nous peut garantir des ennemis couverts.
Un million de bras a beau garder un maître;
Un million de bras ne pare point d'un traître,
Il n'en faut qu'un, pour perdre un Prince aimé de tous,
Il n'y faut qu'un brutal qui me haïsse en vous,
Aux zèles indiscrets tout paraît légitime,
Et la fausse vertu se fait honneur du crime.
Rome a sauvé ma gloire en me donnant sa voix,
Sauvons-lui, vous et moi, la gloire de ses lois,
Rendons-lui, vous et moi, cette reconnaissance
D'en avoir pour vous plaire affaibli la puissance,
De l'avoir immolée à vos plus doux souhaits;
On nous aime, faisons qu'on nous aime à jamais.
D'autres sur votre exemple épouseraient des Reines
Qui n'auraient pas, Seigneur, des âmes si Romaines,
Et lui feraient peut-être avec trop de raison

Haïr votre mémoire, et détester mon nom.
Un refus généreux de tant de déférence
Contre tous ces périls nous met en assurance.

TITE

Le Ciel de ces périls saura trop nous garder.

BÉRÉNICE

Je les vois de trop près, pour vous y hasarder.

TITE

Quand Rome vous appelle à la grandeur suprême...

BÉRÉNICE

Jamais un tendre amour n'expose ce qu'il aime.

TITE

Mais, Madame, tout cède, et nos vœux exaucés...

BÉRÉNICE

Votre cœur est à moi, j'y règne, c'est assez.

TITE

Malgré les vœux publics refuser d'être heureuse,
C'est plus craindre qu'aimer.

BÉRÉNICE

La crainte est amoureuse.
Ne me renvoyez pas, mais laissez-moi partir,
Ma gloire ne peut croître, et peut se démentir.
Elle passe aujourd'hui celle du plus grand homme,
Puisqu'enfin je triomphe, et dans Rome, et de Rome,
J'y vois à mes genoux le peuple, et le Sénat,
Plus j'y craignais de honte, et plus j'y prends d'éclat,
J'y tremblais sous sa haine, et la laisse impuissante,
J'y rentrais exilée, et j'en sors triomphante.

TITE

L'amour peut-il se faire une si dure loi ?

BÉRÉNICE

La raison me la fait, malgré vous, malgré moi,
Si je vous en croyais, si je voulais m'en croire,
Nous pourrions vivre heureux, mais avec moins de gloire.
Épousez Domitie, il ne m'importe plus
Qui vous enrichissiez d'un si noble refus.
C'est à force d'amour que je m'arrache au vôtre,
Et je serais à vous, si j'aimais comme un autre.
Adieu, Seigneur, je pars.

TITE

Ah, Madame, arrêtez.

DOMITIAN

Est-ce là donc pour moi l'effet de vos bontés,
Madame, est-ce le prix de vous avoir servie ?
J'assure votre gloire, et vous m'ôtez la vie !

TITE

Ne vous alarmez point, quoi que la Reine ait dit,
Domitie est à vous, si j'ai quelque crédit.
Madame, en ce refus un tel amour éclate
Que j'aurais pour vous l'âme au dernier point ingrate,
Et mériterais mal ce qu'on a fait pour moi,
Si je portais ailleurs la main que je vous dois.
Tout est à vous. L'amour, l'honneur, Rome l'ordonne.
Un si noble refus n'enrichira personne,
J'en jure par l'espoir qui nous fut le plus doux,
Tout est à vous, Madame, et ne sera qu'à vous,
Et ce que mon amour doit à l'excès du vôtre
Ne deviendra jamais le partage d'un autre.

BÉRÉNICE

Le mien vous aurait fait déjà ces beaux serments,
S'il n'eût craint d'inspirer de pareils sentiments ;
Vous vous devez des fils, et des Césars à Rome,
Qui fassent à jamais revivre un si grand homme.

TITE

Pour revivre en des fils, nous n'en mourons pas moins,
Et vous mettez ma gloire au-dessus de ces soins.
Du Levant au Couchant, du More jusqu'au Scythe
Les Peuples vanteront, et Bérénice, et Tite,
Et l'histoire à l'envi forcera l'avenir
D'en garder à jamais l'illustre souvenir.
Prince, après mon trépas soyez sûr de l'Empire,
Prenez-y part en frère attendant que j'expire,
Allons voir Domitie, et la fléchir pour vous.
Le premier rang dans Rome est pour elle assez doux,
Et je vais lui jurer qu'à moins que je périsse,
Elle seule y tiendra celui d'Impératrice :
Est-ce là vous l'ôter ?

DOMITIAN

Ah, c'en est trop, Seigneur.

TITE, *à Bérénice.*

Daignez contribuer à faire son bonheur,
Madame, et nous aider à mettre de cette âme
Toute l'ambition d'accord avec sa flamme.

BÉRÉNICE

Allons, Seigneur, ma gloire en croîtra de moitié,
Si je puis remporter chez moi son amitié.

TITE

Ainsi pour mon Hymen la fête préparée
Vous rendra cette foi qu'on vous avait jurée,
Prince, et ce jour, pour nous si noir, si rigoureux,
N'aura d'éclat ici que pour vous rendre heureux.

Table

Cet ouvrage a été achevé d'imprimer par Maury, à Malesherbes, en septembre 2016, pour le compte des Éditions de La Table Ronde.

www.editionslatableronde.fr

Dépôt légal : novembre 1998.
N° d'édition : 310731.
ISBN 978-2-7103-8277-5
ISSN 1160-3100
N° d'impression : 211847

Imprimé en France